世界と日本
がわかる
国ぐにの歴史

一冊でわかる
フランス史

【監修】福井憲彦
Fukui Norihiko

河出書房新社

はじめに

フランス史を大きく眺め渡す

みなさんは、フランスといって何を連想するでしょうか。パリ、エッフェル塔、あるいはサッカーやラグビーでしょうか。それとも料理やワイン、ファッションやデザイン、でしょうか。じつは現在のフランスは、ヨーロッパ内でドイツと並んで大きな影響力を持っているだけでなく、世界各地にも海外県や海外領土を持っています。

では、そうしたフランスは、どのような歴史をたどる中から形づくられてきたのでしょうか。その大きな筋道を一冊でたどってみよう、というのが本書のねらいです。歴史をとらえるには、鳥のように高い空から全体を見渡してみようとする見方と、アリみたいに地をはうようにして細かな姿にこだわる見方という、大別して2つの見方がありです。この本は、フランスに焦点を合わせつつ、大きく眺め渡してみよう、とするものです。この見取り図から出発して、面白い、もっと知りたい、と思った方面に、みなさんがさらなる旅に出てくれれば、これほどうれしいことはありません。

監修　福井憲彦

知ってびっくり!

フランスの4つのひみつ

初めてフランス史にふれるあなたに、意外な事実を紹介します!

ひみつ1

ヴェルサイユ宮殿の建造は、ルイ14世の体験が原因?

フランス王政を代表するルイ14世は、ヴェルサイユ宮殿を建て移り住みました。パリ郊外のヴェルサイユに宮殿を建てたのは、ルイ14世の幼少期に起こった内乱が関係していました。

→くわしくは
119ページへ

ひみつ2

革命の当初の目的は、王政の打倒ではなかった!?

フランス革命といえば、民衆が王政を倒すために立ち上がったと思われがちですが、じつは、国王のもとで政治を行っていこうと、革命の初期の民衆は考えていたのです。

→くわしくは
143ページへ

ひみつ3

ナポレオンは皇帝になったが、“フランス皇帝”ではない？

軍人として高い能力を持つナポレオンは権力を握り、ついには皇帝に即位します。ただし、正確には「フランス人民の皇帝」であり、「フランス国の皇帝」ではないのです。何が違うのでしょうか。

→くわしくは 170 ページへ

ひみつ4

フランスの第五共和政、それまでの共和政と違う？

2020年時点のフランスは第五共和政といい、1958年からスタートしました。もちろん、それまでに第一から第四共和政がありましたが、それらと第五共和政とでは、いったい何が異なるのでしょう。

→くわしくは 228 ページへ

さあ、フランス史をたどっていこう！

目次

chapter 7 変化する政治体制

chapter 8 大戦の果てに

ひみつコラム

プロローグ

世界で最も魅力あふれる国

「フランス」と聞いて、あなたはどのようなイメージを思い浮かべるでしょうか？

パリ市内に立つ巨大なエッフェル塔やエトワール凱旋門《がいせんもん》、30万点以上もの絵画や彫刻や宝飾品を収めたルーヴル美術館、王家が生活を送ったパリ郊外のヴェルサイユ宮殿、西海岸に位置するモン・サン・ミシェルなど、観光名所を思い浮かべる人が多いことでしょう。それは日本に限ったことではなく、世界共通の認識といえます。国際連合に属する世界観光機関による世界観光ランキングにおいて、フランスは2016年から2018年まで海外からの観光客数で1位に輝いたように、世界の国々から見ても魅力あふれる国なのです。

観光名所のほかにも、世界のグルメに人気の高いフランス料理、画家のセザンヌやルノワール、映画監督のリュック・ベッソンやゴダールほか多数の芸術家、シャネルやルイ・ヴィトンといったファッションの高級ブランドなど、わたしたちは身近なところでフランスとの接点があります。

フランスの領土

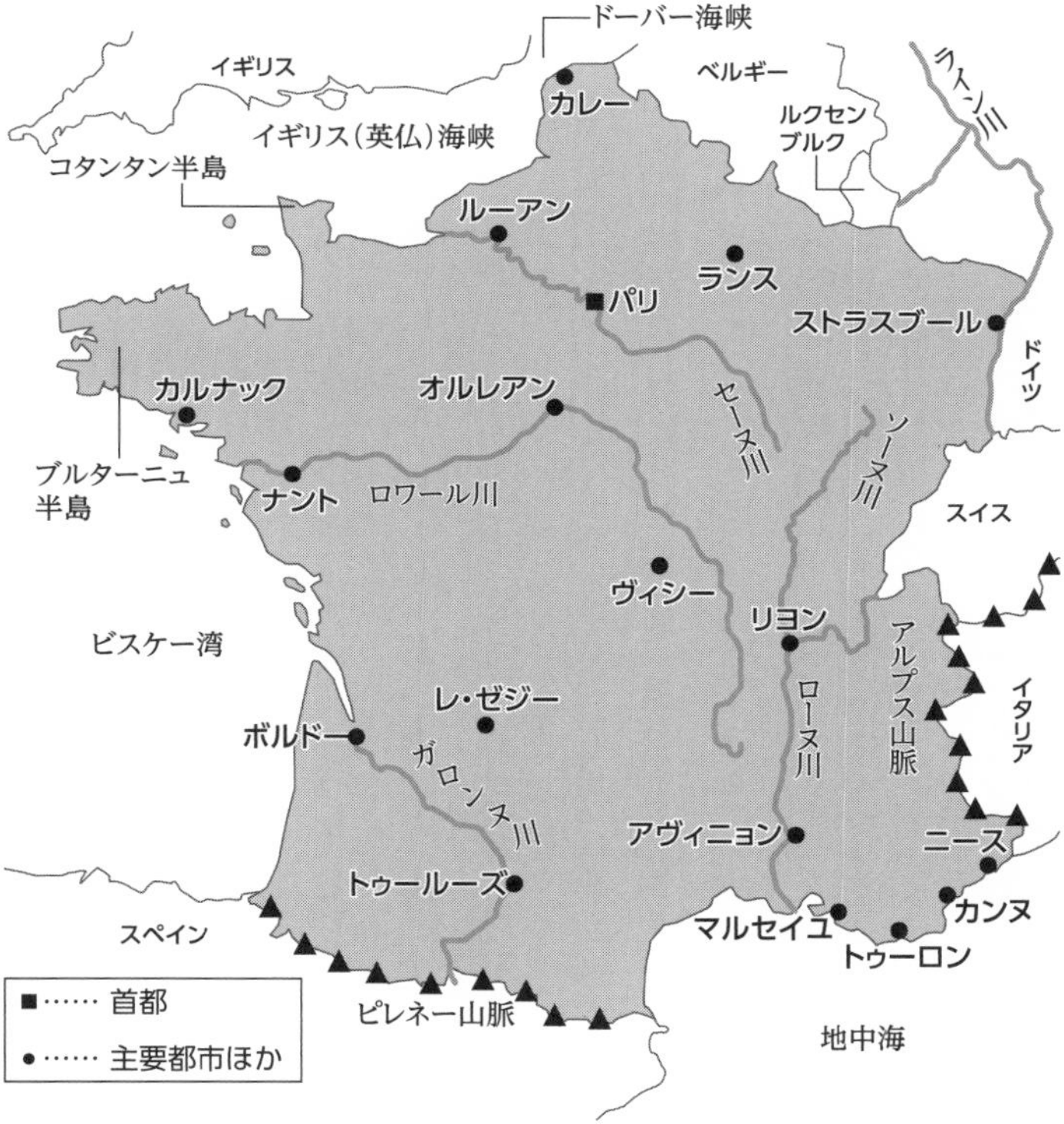

総面積	54万4000㎢
総人口	約6700万人
パリ人口	約220万人

※外務省ホームページの情報（2019年9月時点）に基づく

〈フランスの海外県〉

県名	所在地域
グアドループ	カリブ海
マルティニーク	カリブ海
フランス領ギアナ	南アメリカ
レユニオン	インド洋
マヨット	コモロ諸島

フランス人は、こうした華やかで豊かな文化を生み出した自国の歴史に、強い誇りと愛着を抱いています。というのも、戦乱と革命などを経て、獲得してきたからです。

現在のフランスは、正式名称を「フランス共和国」といいます。ヨーロッパの西部に位置し、西北のドーバー海峡を挟《はさ》んで対岸にはイギリスが存在し、ドイツやイタリア、スペインなどの国々と国境を接しています。

フランス本土の面積は日本の約1・5倍、人口は日本の約2分の1です。本土とは別に、中南米や南太平洋上などにもフランス領（海外県と海外領土）があり、世界各地にフランス語を話す人々もいます。

フランスは多くの国々と陸続きであるうえ、地中海を挟んでアフリカ大陸とも接するため、古くからさまざまな民族が流入してきました。現代ではアラブ系やアフリカ系の移民でも、「フランス語を話す者はみなフランス人」と考えており、移民家族出身の大統領や閣僚もいる、人種・民族の多様性のある国となっています。

そんなフランスという国は、いかにして形成され、現在の姿となったのでしょうか。その長い道のりをこれから見ていきましょう。

chapter 1

ガリアの時代

クロマニョン人の創作

フランスという国ができるはるか前から、現在のフランスの地にはさまざまな人たちがやってきて生活を営んでいたことが、発掘調査などからわかってきています。フランスの南西部、スペイン国境にほど近いトータヴェル村での発掘調査からは、1971年に人の頭蓋骨《ずがいこつ》が発見され、その後もいくつもの人骨が出てきました。それらは、じつに55万年から30万年も前にこの地に暮らしていた「原人」のものだと推定されています。

それから年月が経ち、今から20万年くらい前に、人類の直接の祖先にあたる「新人（ホモ・サピエンス）」が登場します。

1868年、フランス南西部のレ・ゼジーという村の近くの岩陰《いわかげ》遺跡から化石人骨が5体発見されました。この化石人骨は新人とされ、遺跡の名にちなんで、「クロマニョン人」と名づけられます。当時は旧石器時代の後期。クロマニョン人たちはさまざまな石器をつくり、狩猟採集に励む一方で、すでに人類ならではの創作活動も行っています。そのうち有名なのが、同じ地域にある「ラスコー洞窟《どうくつ》」の壁画です。壁画がどんな目的で描かれたのか正確なことはわかっていません。

クロマニョン人が見つかった岩陰遺跡やラスコー洞窟は、「ヴェゼール渓谷の先史的景観と装飾洞窟群」として１９７９年にユネスコの世界遺産に登録されています。

その後のヨーロッパは、紀元前６０００年ごろから磨製石器がつくられる新石器時代に入り、紀元前４０００年ごろから農耕や牧畜が営まれるようになったと見られています。

新石器時代には、巨石を用いた建築物が特徴の巨石文化が花開きました。イギリスのストーンヘンジが有名ですが、フランス北西部のブルターニュ地方にも「カルナック列石」という遺跡があります。紀元前４０００年から紀元前２０００年ごろにつくられたとされ、全体の幅が１００メートルほどで、10～13列に並んだ直立巨石

れていません。

（メンヒル）の石柱が4キロメートルも続きます。つくられた理由は諸説あり、特定されていません。

紀元前2000年ごろの青銅器時代には、すでにヨーロッパの各地域の間で交易が行われていました。現在、フランスをはじめとするヨーロッパ全域に広く分布するインド・ヨーロッパ語族と分類される人々が、ヨーロッパに定住し始めたのはこのころのこと。やがて紀元前5世紀ごろには、インド・ヨーロッパ語族に属するケルト人が、現在のフランスをはじめ、イベリア半島、ブリテン島などを含む広大な地域に定住しました。

ケルト人とガリア人

「ケルト」という名称は、古代ギリシア人がケルト人を「ケルトイ」と呼んだことに由来します。一説には「よそ者」を意味しているともいわれますが、はっきりしたことはわかっていません。古代ローマ人は、現在のフランスを中心とした地域に定住したケルト人を「ガリ」と呼び、ガリが定住する地を「ガリア」と呼びました。ちなみに、フランス語でガリアは「ゴール」、ガリア人は「ゴーロワ」といいます。

さて、青銅器時代に続く中央ヨーロッパの鉄器時代は、前期の「ハルシュタット文化時代」（紀元前8世紀～紀元前5世紀ごろ）と後期の「ラ・テーヌ文化時代」（紀元前5世紀～紀元前1世紀ごろ）に分かれます。ラ・テーヌ文化時代、ガリアに定住したケルト人、すなわちガリア人は、自然の地形を利用し、丘の上に「オッピドゥム」と呼ばれる城塞《じょうさい》都市を築き、生活するようになりました。

ただし、ガリア人による統一国家は生まれず、ガリア人は部族ごとに生活していました。その社会は身分階層になっていて、儀式を司《つかさど》ると同時に政治的指導者でもあったドルイドと呼ばれる司祭を頂点とし、貴族（戦士）、平民（農民や職人）から構成されていました。宗教や暦《こよみ》、美術、農耕技術など、独自の豊かな文化が発展していたことが知られています。

そのころ、日本では？

紀元前の日本は弥生時代にあたり、大陸から伝わった稲作が全国的に普及していきました。それと同時に、収穫物などの奪い合いが起こるようになったため、円形や方形の深い堀（濠《ごう》）をめぐらした中で、集団で居住するようになります。これが環濠集落です。

ローマの侵攻

紀元前6世紀ごろから地中海沿岸のガリアの地に、ギリシア人によっていくつかの植民都市が築かれます。有名なのが、アカイア人が築いたマッサリアで、現在のマルセイユにあたります。アンティポリスとニカイアも植民都市で、それぞれ現在はアンティーブ、ニースとして知られています。

紀元前2世紀半ば、ガリア人の部族が植民都市を攻撃します。当時、これらの都市は、共和政国家として勢力を強めていたローマ（古代ローマ）と同盟関係にありました。彼らは救援を要請し、ローマとガリア人の部族の間で衝突が起こります。勝利したローマ軍はガリア南部に「ナルボネンシス」と呼ばれる属州（プロウィンキア）を建設しました。こうしてローマはガリアに進出する足掛《あしが》かりを手に入れたわけです。このプロウィンキアという言葉が、現在のフランス南東部の「プロヴァンス」という地名の由来になります。

同じころ、インド・ヨーロッパ語族で、もともと北ヨーロッパで生活していたゲルマン系の複数の部族が、ガリアへの侵入を始めます。ガリア人とゲルマン人の間で緊張が高まり、なかには別の地への移住を強《し》いられるガリア人の部族も出てきました。

ガリア北部への進出を虎視《こし》眈々《たんたん》とねらっていたローマのガリア地区総督《そうとく》だったカエサルは、紀元前58年、この機に乗じてゲルマン人を討伐しつつ、ガリア人諸部族を押さえ込もうと「ガリア戦争」を起こします。ガリア人諸部族は一致団結してカエサル率《ひき》いるローマ軍に戦いを挑みますが敗北。カエサルはこの戦いの一部始終を『ガリア戦記』に記しています。

こうしてローマは「ガリア・コマタ（長髪のガリア）」と呼ばれる北部の広大な地域を手に入れました。

ローマ支配下のガリア

カエサルのガリア平定からしばらく経った紀元前27年、カエサルの養子だったオクタウィアヌスが初代皇帝アウグストゥスとなり、ローマは共和政から帝政に移行します。

アウグストゥス帝はガリア・コマタを「アクィタニア」「ルグドゥネンシス」「ベルギ

ガリアの４つの属州

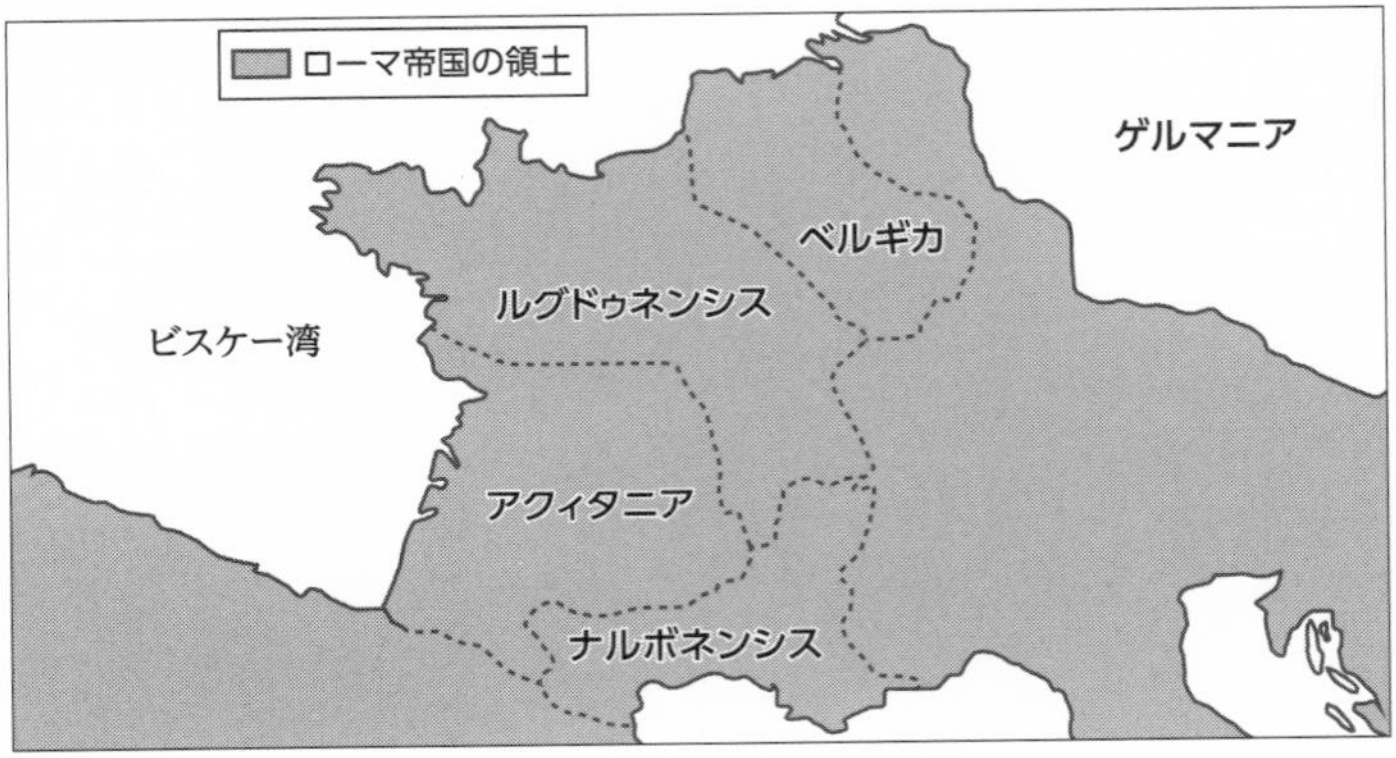

カ」という3つの属州に分割しました。

アクィタニアは現在のフランス南西部アキテーヌ地方に相当します。ルグドゥネンシスは現在のリヨンから北西のブルターニュにまでおよぶ地域。ベルギカは現在のフランス北東部からオランダ、ベルギー、ルクセンブルク、さらにはドイツ西部を含む地域で、その名はその地に住んでいたベルガエ人に由来し、ベルガエは現在のベルギーという名称の起源でもあります。

紀元前2世紀末から属州だったナルボネンシスと合わせて、ガリアの地に4つの属州ができたことになります。

ほかの3つの属州に先駆けてローマの属州となっていたナルボネンシスでは、ローマの文化がすでに浸透していました。

都市の入り口にはローマ風の門が建てられ、都市の内部には円形闘技場や半円劇場、公衆浴場といった施設が設けられました。都市ニームには円形闘技場など遺構が多く、郊外から水を運ぶ役割を果たした水道橋「ポン・デュ・ガール」は世界遺産にも登録されています。都市アルルにある円形闘技場も「アルルのローマ遺跡とロマネスク様式建造物群」の一環として世界遺産に登録されています。

やがてナルボネンシスと同様に、ほかの3つの属州でもローマ文化は徐々に広まっていきました。

ローマ人入植者とガリア人の混血も進みました。彼らの間に生まれた人々およびローマ支配後のガリア人は「ガロ・ローマ人」と呼ばれます。

帝政期のローマでは、ローマ市民権（官職に就任するた

めの選挙権をはじめとするさまざまな権利）を属州民にも積極的に与えます。やがてガリア全域で、ローマ市民権を与えられた属州民、さらには元老院議員だけでなく、皇帝の統治を担《にな》う官職に就く者の数も増えていきました。彼らは「セナトール貴族」と呼ばれ、のちのフランス貴族階級のひとつの起源を形成していくことになります。

強大なローマ帝国のもとで「ローマの平和（パックス・ロマーナ）」がうたわれたこの時代、ガリアでは産業も大いに発展しました。もともと肥沃《ひよく》な土地だったこともあり、ブドウやオリーヴの栽培をはじめ、農業が盛んになりました。ガリア産のブドウ酒は評判で、ローマ帝国の各地に輸出されたようです。工具や農機具、製陶技術、毛織物など、さまざまな工業が発展し、交易も活発に行われました。

ローマ支配の終わり

しかし、パックス・ロマーナがいつまでも続くわけもなく、やがてローマ帝国は外敵に苦しめられます。とりわけ紀元2世紀半ばからゲルマン人がローマ帝国をおびやかし始めます。

3世紀後半、ローマ帝国は当時力をつけてきたササン朝ペルシアを牽制《けんせい》するために、東方に勢力を割《さ》かなければなりませんでした。その結果、ローマの北方の防衛がおろそかになり、フランク族やアラマンニ族といったゲルマン人の諸部族が侵入し、ガリア社会は混乱に陥《おちい》ります。

その混乱に乗じて、ガリアの属州の総督だったとされるポストゥムスが勝手にローマ皇帝を名乗り、260年にガリア帝国」を樹立します。それによって一時的にゲルマン人勢力は押さえ込まれますが、274年、ガリア北部に遠征したローマ皇帝がガリア帝国を滅ぼすと、再びゲルマン人は勢いづきます。

283年には、現在のブルターニュ半島にあたるアルモリカ地方で農民たちが蜂起《ほうき》し、ローマからの独立を宣言するという事件が発生しました。4年で鎮圧されたものの、

そのころ、日本では？

中国の歴史書などをとおして、3世紀ごろの日本の状況がわかっています。239年には邪馬台国を統治していた卑弥呼が、当時の中国大陸で強盛を誇っていた魏《ぎ》に友好の使者を送っています。魏を後ろ盾とすることで、敵対していた狗奴国《くなこく》を牽制するねらいがあったといわれています。

ゲルマン人の移動

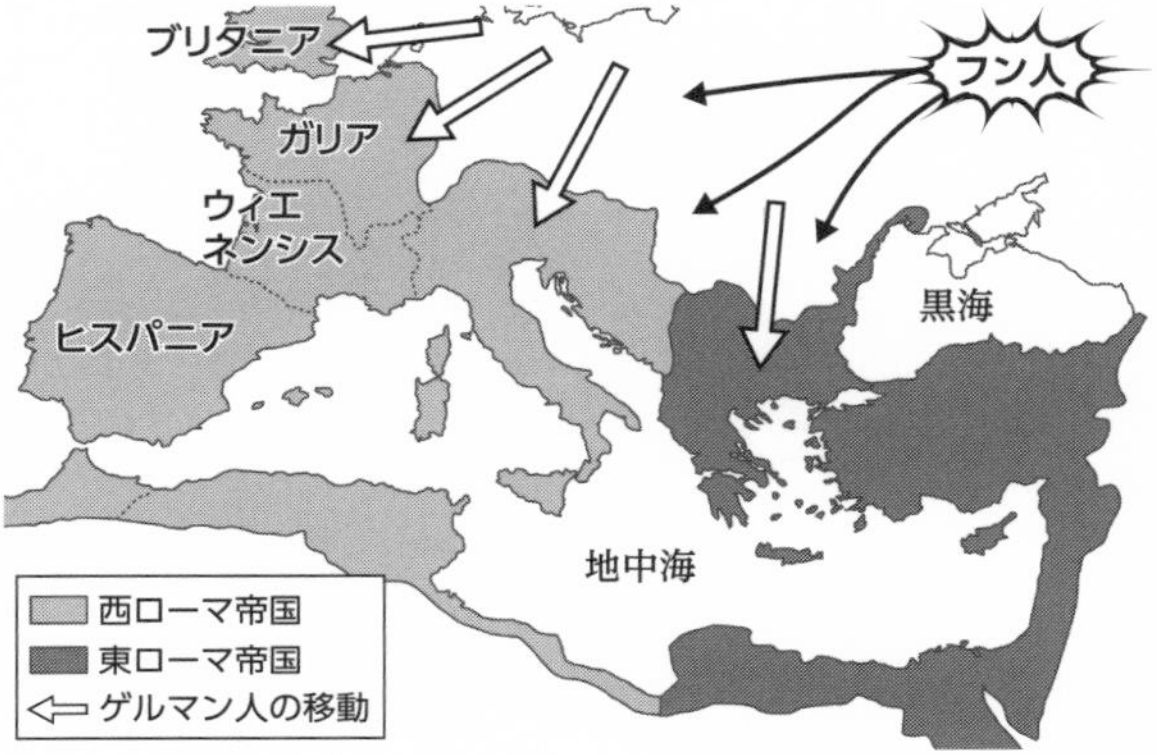

ローマに対する反乱の気運はその後もくすぶり続けました。

この事態を受けて、２８４年にローマ皇帝となったディオクレティアヌス帝は、４つの属州を２つの地域に編成し直します。７州から成るガリア南部の「ウィエネンシス管区」と10州から成るガリア北部の「ガリア管区」です。

３２４年に帝位に就いたコンスタンティヌス帝は、従来のウィエネンシス管区とガリア管区に、現在のスペイン・ポルトガルに相当する「ヒスパニア管区」と、現在のイギリス南部に相当する「ブリタニア管区」を加えたうえ、４つの管区を合わせて「ガリア道」としました。

それでも、広大になりすぎたローマ帝国をくまなく管理・統治することは不可能でした。そこで、395年にテオドシウス帝が亡くなると、その長男アルカディウスと次男ホノリウスがそれぞれ後を継ぎ、ローマ帝国は東ローマ帝国（ビザンツ帝国）と西ローマ帝国に分かれます。ガリアは西ローマ帝国の支配域となりました。

そのころ、ゲルマン人の移動が激化しました。アジア系の遊牧民のフン人が黒海の北方に侵攻し、それに押し出されるようにゲルマン人の諸部族が東西のローマ帝国内に流れ込んだのです。ガリアには、フン人の侵攻を逃れてきたヴァンダル族、アラン族、スエビ族、西ゴート族、ブルグント族、フランク族など、さまざまなゲルマン人の部族が侵入し、各地に定住しました。

475年、西ローマ帝国はガリア西南部につくられた西ゴート王国にオーヴェルニュ地方を割譲したことで、ガリアにおける影響力を失いました。翌476年、ゲルマン人傭兵《ようへい》隊長だったオドアケルが、最後の西ローマ皇帝ロムルス・アウグストゥルスを廃位させ、西ローマ帝国は滅亡します。こうして500年近くにおよんだローマによるガリア支配に、ついに終止符が打たれたのです。

知れば知るほどおもしろいフランスの偉人❶

国民的マンガのモデルとなったガリア人

ウェルキンゲトリクス

Vercingétorix

（前72 ～前46）

諸部族を率いてローマ軍に立ち向かう

紀元前58年にカエサルがガリア戦争を起こすと、アルウェルニ族のウェルキンゲトリクスのもとでガリア人諸部族は力を合わせ、ローマ軍に立ち向かいます。

しかし、紀元前52年のアレシアの戦いでガリア人諸部族はローマ軍に包囲され、ウェルキンゲトリクスはとらわれの身となります。その後、6年間の投獄の末に、26歳で処刑されました。

ウェルキンゲトリクスを中心としたガリア人のローマ軍に対する抵抗は、フランスの人気マンガ『アステリックス』の題材となっています。ドルイドがつくった魔法の薬を飲み、無敵の力を手に入れた主人公のアステリックスが、オベリックスという仲間といっしょに、カエサル率いるローマ軍にひと泡《あわ》吹《ふ》かせるという内容です。

1959年に作品が発表されてから、今なお国民的マンガとして人気を博し、実写映画化もされています。

chapter 2

フランク王国

フランク王国の台頭

西ローマ帝国が476年に滅びると、ゲルマン人諸部族がその領土で覇《は》を競います。ガリアの地を支配したのは3つの部族、すなわち西ゴート族とブルグント族、そしてフランク族でした。

西ゴート族は418年にガリア南西部に定住すると西ゴート王国を築き、トロサ（現在のトゥールーズ）に都を構えるなど一時は強大な勢力を誇りましたが、507年にフランク王国との戦いに敗れ、その後はイベリア半島に拠点を移しました。

ブルグント族は443年に現在のフランス南東部に定住してブルグント王国を築き、457年ごろに拠点をリヨンへ移しますが、534年にフランク族に滅ぼされました。ワインの産地として有名なブルゴーニュ（地方）という名は、このブルグント族に由来します。

西ゴート族とブルグント族を破り、西ローマ帝国亡きあとのガリアに覇権を築いたのが、フランク族が築いたフランク王国です。フランク族は、358年に現在のベルギー北西部に定住し、その後、北フランスに進出しました。フランク族と呼ばれていますが、単一部族だったわけではなく、さまざまな部族が集合してできあがった集団だったようです。

また「フランク」という名称は、もともとは「大胆《だいたん》な者」「勇敢《ゆうかん》な者」を意味するラテン語で、現在の「フランス」という国名の語源になったとの説が有力です。

メロヴィング朝が始まる

フランク王国を築いたのはクローヴィス1世です。父親でありフランク族の長《おさ》であるキルデリク1世が亡くなると、481年に16歳で王位に就きました。クローヴィスが創始した王朝は、その祖父であるメロヴィクスの名前にちなみ、「メロヴィング朝」と呼ばれます。486年にはソワソンの戦いで、ガリア北部を支配していた「ローマ人たちの王」ことシャグリウスを倒し、領土を広げました。

クローヴィス1世はブルグント王国の王女でキリスト教徒だったクロチルドを妻に迎え、496年、3000の兵士とともにキリスト教のローマ・カトリックに改宗しました。当時のガリアにおけるゲルマン人の人口は5%程度にすぎず、住民に大きな影響を持っていたのは、キリスト教の司教職も務めていたガロ・ローマ人のセナトール貴族でした。つまりクローヴィス1世の改宗は、フランク族の支配をガロ・ローマ人が受け入れるためにとても重要なできごとだったのです。

507年、クローヴィス1世は西ゴート王国を破って領土をさらに拡大したうえ、508年にはパリを王都に定めました。511年にクローヴィス1世が亡くなったときのフランク王国の国土は、ケルト系のブルトン族が住むアルモリカ半島(現在のブルターニュ半島)など一部地域を除けば、現在のフランスの国土とほぼ同じ範囲まで広がっていました。

ローマ教会との協調

クローヴィス1世が勢力を拡大できた背景には、キリスト教との結びつきがありました。もともとキリスト教はユダヤ教から派生した宗教で、1世紀の中東で成立しました。開祖はイエスです。イエスの死後、弟子たちはイエスをキリスト(救世主)と見なし、その教えを当時広大な領土を誇っていたローマ帝国の各地に布教しました。キリスト教は1世紀のうちには早くも帝都ローマにまで伝わっていたようです。

　キリスト教がガリアに伝えられたのがいつなのか、正確なことはわかっていませんが、2世紀にはガリアにも教会が存在しました。177年、ローマ皇帝の命令でルグドゥヌム（現在のリヨン）でキリスト教徒への迫害が起こり、司教のポティヌスをはじめ、48名の教徒が殉教《じゅんきょう》しています。

　3世紀になると、キリスト教はローマ帝国内で影響を拡大します。313年にはローマ帝国に公認され、392年にはローマ帝国唯一の国教となりました。それと並行するように、ローマ教会、コンスタンティノープル教会、アレクサンドリア教会、エルサレム教会、アンティオキア教会の五本山を中心に、キリスト教の教会制度が整備されてい

そのころ、日本では？

日本の紀元300年代は「謎の4世紀」とも呼ばれています。247年ごろに卑弥呼《ひみこ》が死去してしばらく経ってから、413年になるまで中国の歴史書に日本の記述がないためです。ただし考古学によって、3世紀に成立したヤマト王権が勢力を拡大させていったことがわかっています。

きます。定期的に会議が開かれ、キリスト教の各宗派が正統か異端かの判断や教義の確認も行われました。

395年、ローマ帝国が西ローマ帝国と東ローマ帝国（ビザンツ帝国）に分裂します。476年に西ローマ帝国が亡びると、ローマ教会（のちのローマ・カトリック教会）は後ろ盾を失い、東ローマ帝国を後ろ盾とするコンスタンティノープル教会との首位権（五本山の中での首位の教会）争いで劣勢に立ちます。そこでローマ教会はゲルマン人への布教に力を入れます。そんな中、クローヴィス1世がローマ教会の管轄《かんかつ》下にあるランスの大司教のもとで改宗したことは、ローマ教会にとって願ってもないことでした。

ちなみに、のちのフランス王のほとんどが、ランスのノートルダム大聖堂で戴冠式を行っています。その際、ランスの大司教が王の頭に聖油を注いで特別な力を与えるというキリスト教の儀式「聖別」を行うことから、戴冠式は聖別式とも呼ばれます。

じつは、同じゲルマン人国家の西ゴート王国やブルグント王国はフランク王国よりひと足早くキリスト教への改宗が行われていましたが、そのころ正統とされていたアタナシウス派ではなく、異端とされていたアリウス派でした。ローマ教会も支持するアタナシウス派とは、イエス（＝キリスト）は神と同質であるとする一派で、さらに「父なる神」と「子なるキリスト」と「聖霊《せいれい》」は同一の存在であるとされていました。対してアリウス派は、イエスはあくまで人であるという教義でした。つまり、フランク王国はローマ教会に支持された唯一のゲルマン人国家となったのです。

当初は都市部を中心に信奉されたローマ教会の教えは、やがて農村部にも広がっていきます。農村部ではガロ・ローマ時代の宗教も根強く残っていましたが、ローマ教会は必要に応じてそれらの要素も取り込みつつ、信徒を増やしていくことになります。

臣下に国がのっとられる

フランク族には、男の子どもに財産を均等に相続させるという慣習がありました。そのため、クローヴィス1世の死後、フランク王国は4人の息子によって4つの王国に分割されます。これらを「分王国」といいます。

テウデリク1世はランスを都とする分王国を、クロドミールはオルレアンを都とする分王国を、キルデベルト1世はパリを都とする分王国を、クロタール1世はソワソン分

4分割されたフランク王国

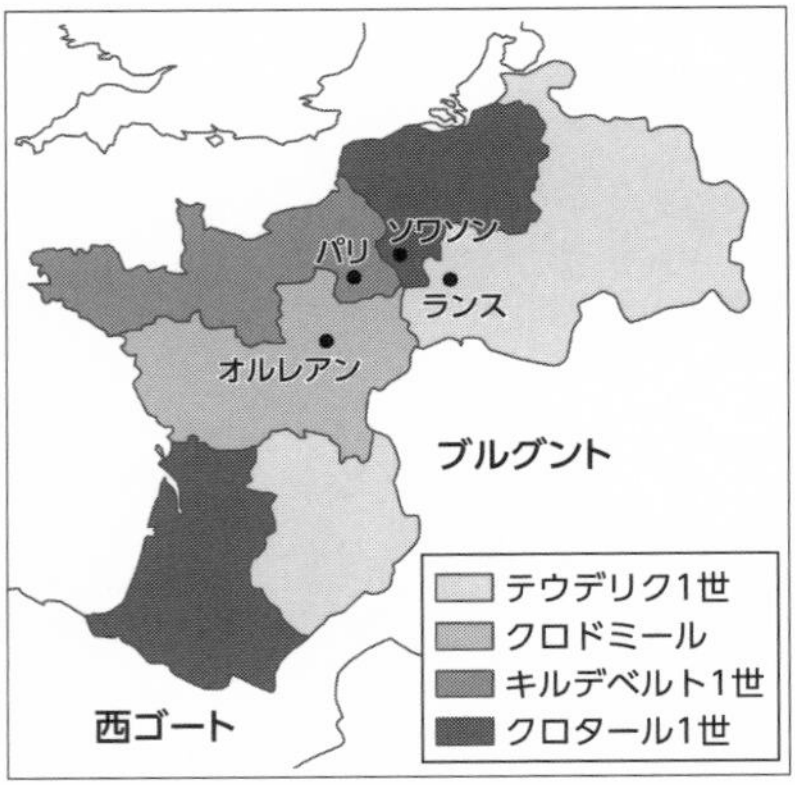

王国をそれぞれ相続しました。

それから数世代にわたって王国の継承と再分割、再統合が行われ、さらにブルグント王国などを攻め滅ぼして領土に加えたことで、フランク王国はアウストラシア（東分王国）、ネウストリア（西分王国）、ブルグントという3つの分王国にまとまります。

その後、フランク王国全体でひとりの王が君臨する時代もありましたが、3つの分王国という枠組みが定着したため、メロヴィング朝フランク王国が1つの国として再統一されることはありませんでした。

代がわりのたびに統一と分割がくり返され、フランク王国は弱体化していきます。そうこうするうち、権力中枢で頭角を現した人物がいました。それがカールです。カールはアウストラシアで「マヨル・ドムス（宮宰《きゅうさい》）」という王の側近として仕えたピピン

（ピピン2世）の子として生まれ、父の死後にその地位を継ぐと、やがて3つの分王国すべての宮宰を兼《か》ね、フランク王国全体の権力を握ります。

732年、イベリア半島から北上したイスラム勢力に対して、カールは軍を率いてトゥール・ポワティエ間の戦いで撃破しました。一説には、これら戦場での勇敢《ゆうかん》な姿から、フランス語で「槌《つち》」を意味する「マルテル」にちなんで、カール（シャルル）・マルテルという異名がついたそうです。

カールの息子のピピンも武勇に優れ、しばしば南部に遠征してラングドック地方を領土に加えました。751年、ピピンはメロヴィング朝の王だったキルデリク3世を退位させると、みずからフランク王国の王（ピピン3世）に即位します。こうしてメロヴィング朝が終わり、「カロリング朝」が始まりました。カロリング朝という名称は、父であるカールの名にちなんでいます。

カロリング家の家系

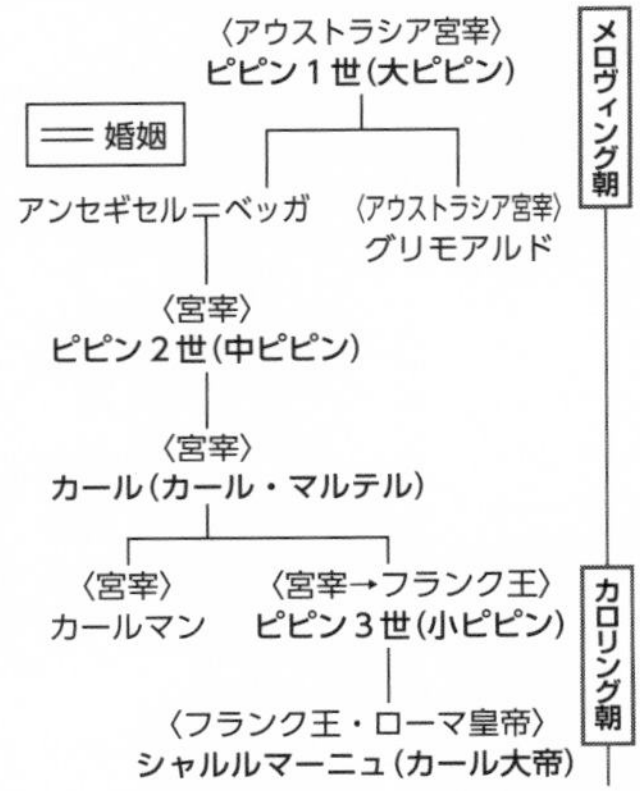

ピピンの即位は王位ののっとりにほかなりませんでした。そのため、自身の行為を正当化する必要があったピピン3世は、司教が身体に聖油を塗る「塗油《とゆ》」という『旧約聖書』に由来する儀礼を、即位の際に取り入れました。ピピン3世はのちにローマ教皇にも塗油を行わせています。

即位を承認してもらった見返りとして、ピピン3世は現在のイタリア半島の大部分を支配していたランゴバルド王国を攻め、獲得したイタリア半島北部から中部にかけての地、ラヴェンナ地方の支配権を、756年に教皇へ献上しました。教皇が直接支配する「教皇領」の誕生です。このできごとは「ピピンの寄進」と呼ばれています。

大帝による領土拡大

カロリング朝フランク王国の勢いをさらに強めたのが、ピピンの息子シャルル（ドイツ語読みでカール）でした。シャルルは768年に父の後を継いで王（シャルル1世、カール1世）となります。シャルルマーニュ（フランス語で「大いなるシャルル」の意。ドイツ語風に「カール大帝」とも）という通称どおり、堂々たる体格だったそうです。もともとは弟のカルロマン（ドイツ語読みでカールマン）とともに王位を継承しましたが、771年にカルロマンが早世すると、以後はひとりで国土を統治しました。

シャルルマーニュの一生は戦いに次ぐ戦いでした。数十度にわたって遠征し、領土の拡大に努めた結果、フランク王国は、南はイベリア半島、北は現在のデンマーク、東は現在のハンガリーにまでおよぶ広大な版図《はんと》を手に入れました。

この快進撃を喜んだのが、ローマ教会でした。ピピンの寄進で親密になっていたフランク王国とローマ教会の関係は、774年にシャルルマーニュがランゴバルド王国を滅ぼし、みずからランゴバルド王となり、中部イタリアを父にならって教皇に寄進したことでさらに深まります。800年のクリスマスの日、ローマを訪れたシャルルマーニュに、教皇レオ3世は「ローマ皇帝」の冠を授けました。

こうして476年の西ローマ帝国の滅亡以来300年以上ぶりに、旧西ローマ帝国の地に皇帝権が復活しました。ここに、王の世俗的権力と教皇の宗教的権力が密接に結びつくことになったのです。以後、10世紀前半までシャルルマーニュの血筋が皇位を継承します。

もっとも、東ローマ帝国やイスラム世界では君主が宗教上のトップも兼ねていたのに対し、フランク王国においては密接に結びついたとはいえ、別々に分かれていました。そのことが、のちの歴史にさまざまな影響を与えることになります。

シャルルマーニュは全国を約500の地域に分割して統治しました。その任にあたる役人を「伯《はく》」と、伯が統治した土地を「伯管区」としました。そして自分に忠実な家臣を伯として派遣し、地方にも自分の権力がおよぶようにしました。すでに勢力を持っていた地方の有力者を、国王が伯に任命したメロヴィング王

朝の場合とは大きく異なる統治方法です。地方に派遣された伯は力をたくわえ、やがて有力な貴族となっていきます。

シャルルマーニュは文化面にも力を注ぎました。ブリテン島の神学者アルクインをはじめ、数多くの知識人を宮廷に招き、ラテン語を中心としたローマ文化の復興に努めました。14世紀イタリアで始まった、ギリシア・ローマ文化の復興運動（ルネサンス）にちなんで、この運動は後世において「カロリング・ルネサンス」と評価されています。

これらの数々の業績があるからこそ、シャルル1世（カール1世）は「シャルルマーニュ（カール大帝）」とも「ヨーロッパの父」とも呼ばれているのです。

フランク王国の分裂

814年、シャルルマーニュが死去し、46年におよぶ長い治世が終わりを告げました。後を継いだのは三男のルイ（ルイ1世、ルートヴィヒ1世）です。ルイの兄弟はみな早世していたため、ルイはフランク王国全土を相続することになりました。

ルイ1世は即位して数年後には、将来、長男のロタール、次男のピピン、三男のルイ

２つの条約による領土の変化

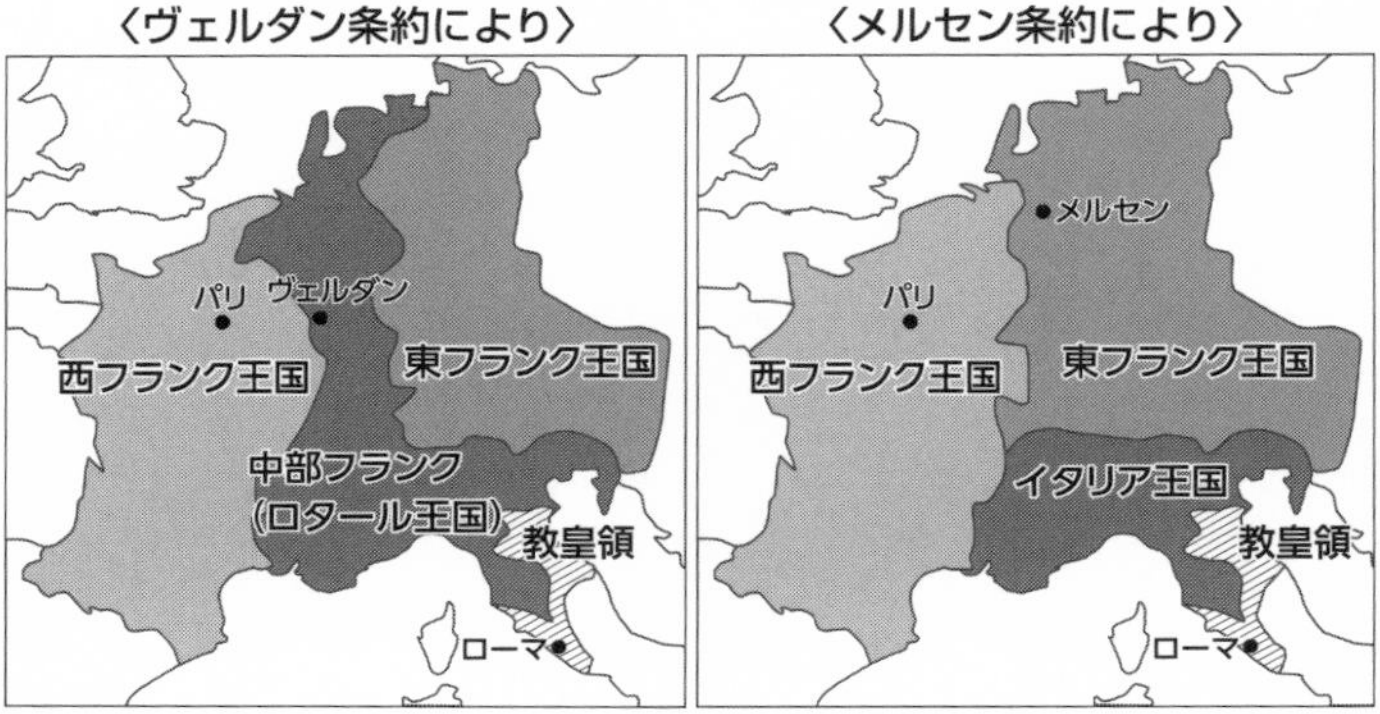

の３人に王国を分け与えることを決めます。ところがその後、ルイ１世は再婚し、新しい妻との間に誕生した四男のシャルルにも領土を分け与えようとします。これが引き金になり、ルイ１世とロタールの間で争いが生じ、やがて親子４人を中心に周囲の人々を巻き込んだ対立が起こります。

８３８年にピピン、８４０年にルイ１世が続けて亡くなると、ロタールがフランク王国全土の領有を目論見《もくろみ》ますが、手を組んだルイとシャルルの前に敗れたため、８４３年に３者の間で「ヴェルダン条約」が結ばれます。

こうしてフランク王国は「東フランク王国」、「中部フランク」、「西フランク王国」に分割されることになり、長男のロタール（ロタール1世）が中部フランクを、三男のルイ（ルイ2世、ルートヴィヒ2世）が東フランク王国を、四男のシャルル（シャルル2世）が西フランク王国を治めることになりました。

ロタール1世の死後、再び3王国の間で領土争いに発展しかけたことから、870年に「メルセン条約」が結ばれます。条約によって東フランク王国と西フランク王国が領土を広げる一方、中部フランクの領土は狭《せば》まり、イタリア王国となりました。フランク王国は以後も統一されることはなく、東フランク王国は「ドイツ」、中部フランクは「イタリア」、そして西フランク王国は「フランス」の原形となるのです。

西フランク王国の混乱

西フランク王国の船出は、決して順風満帆《まんぱん》ではありませんでした。877年にシャルル2世が死去すると、その子孫が王位を継ぎますが、いずれも短命に終わり、王権が弱体化します。

追い打ちをかけるように、外敵が西フランク王国を襲います。フランク王国時代から、イスラム勢力やマジャール人（ハンガリー人）などから攻撃を受けていましたが、この時代、とくに西フランク王国を悩ませたのは、海岸や主要河川の周辺に現われては略奪行為を働くヴァイキングでした。ヴァイキングとは、もともとスカンディナヴィア半島一帯に暮らしていたゲルマン人のことで、そのころ西ヨーロッパの各地を荒らしまわっていました。

８４５年にはヴァイキングの大群がセーヌ川をさかのぼってパリにまで到達し、略奪行為をくり広げました。パリはその後、何度もヴァイキングの脅威《きょうい》にさらされます。ヴァイキングは侵略した地にそのまま定住することもありました。

しばらく時代をくだった９１１年、シャルル3世の治世にロロという首領に率いられたヴァイキングが西フランク王国を襲いますが、西フランク王国での略奪行為をやめることと、キリスト教に改宗することを条件に土地を与えられ、そこに定住することになります。彼らが定住した北西部のノルマンディー地方はやがてノルマンディー公国になり、彼らはノルマン人と呼ばれるようになるのです。

１０６６年にはノルマンディー公ギョームがイングランド王国（のちのイギリス）を

征服するなど、フランスとイングランドの関係に大きな影響を与えることになります。

王権の弱体化と外敵の脅威を背景に、西フランク王国では地方を治める貴族が勢力を強めることになります。彼らは「領邦君主《りょうほう》」と呼ばれ、その領地である「領邦」が数多くあったため、西フランク王国は小国家の集まりのような状態でした。

10世紀になると、ブルゴーニュ公やギュイエンヌ公、アンジュー伯、フランドル伯、ノルマンディー公など、さまざまな領邦君主が群雄割拠《かっきょ》し、しのぎを削りました。王権の弱体化はいちじるしく、やがて西フランク国王は世襲ではなく、有力な領邦君主らの選挙によって選ばれることになります。

そのころ、日本では？

平安時代にあたる10世紀、地方で反乱が相次いで起こりました。938年には現在の秋田県で、俘囚《ふしゅう》と呼ばれる人々が現地の役所を襲います。翌年には関東で平将門が、瀬戸内海沿岸で藤原純友が役所を襲うなど暴れまわります。ふたりの乱をあわせて承平天慶《じょうへいてんぎょう》の乱といいます。

知れば知るほどおもしろいフランスの偉人❷

大帝のもとで名剣を振るった勇士

ローラン

Roland

（? ～ 778）

物語の主人公として後世にその名を残す

戦いに明け暮れたシャルルマーニュの一生は、「シャルルマーニュ伝説」として後世に語りつがれています。その伝説に登場するシャルルマーニュ配下の12人の勇士（十二勇士）のモデルとなった人物のひとりが、ブルターニュ辺境伯ローランです。

ローランの実像ははっきりとはわかっていません。ただ、778年にイベリア半島に遠征してイスラム勢力と戦った帰途、シャルルマーニュ軍は山岳民族に襲われ、絶体絶命のピンチを迎えます。そのとき、最後尾で敵をくい止めた部隊の中にローランの名がありました。

11世紀に成立した中世文学の傑作《けっさく》として名高い叙事《じょじ》詩（武勲《ぶくん》詩）『ローランの歌』では、部下を次々に失いながら、名剣デュランダルを振るって敵をくいとめ、力尽きて落命するまでのローランの姿が雄々しくえがかれています。

chapter 3

フランスのはじまり

ロベール家の台頭

カロリング朝の弱体化がいちじるしい西フランク王国で頭角を現したのが、ロベール家でした。

ロベール家はもともと、現在のドイツのライン川とムーズ川に挟まれた地域を拠点にする諸侯でしたが、８４０年ごろ、一族のロベール・ル・フォールが、フランス北西部の現在のアンジェに拠点を移します。ルイ1世が亡くなり、ヴェルダン条約でフランク王国が東フランク王国、中部フランク、西フランク王国に分かれるころのことです。ロベール・ル・フォールは８６６年にヴァイキングとの戦いで命を落とすまでの間に領土を増やし、勢力を強めました。

ロベール・ル・フォールの後を継いだ息子のウードは、８８２年にパリ伯に任命されます。８８６年にはヴァイキングにパリを包囲され危機に陥りますが、1年におよぶ戦いの末に撃退し、声望を高めました。

同じころ、カロリング朝では短命の王が相次ぎました。８８４年にカルロマン王が亡くなると、８８５年には東フランク王のカール３世が西フランク王を兼ねます。そのカール３世も８８８年に亡くなると、初めてカロリング家に連ならないウードが、西フランク王国の実力者や司教たちから推薦され、王位に就くことになります。

とはいえ、カロリング家が断絶したわけではありません。後継ぎがいないままウードが８９８年に亡くなると、再びカロリング家が王位を取りもどし、シャルル３世が即位しました。

ウード亡きあとのロベール家を継いだのは、弟のロベールでした。そのロベールがシャルル３世を廃位させ、９２２年にロベール１世として王位に就きます。１年後のシャルル３世との戦いにおいてロベール１世は戦死しますが、その息子のユーグは戦いに勝利して「大ユーグ」と呼ばれるほどの実力者になります。しかし、カロリング家を脇から支え、王に即位することはありませんでした。

王家の変化

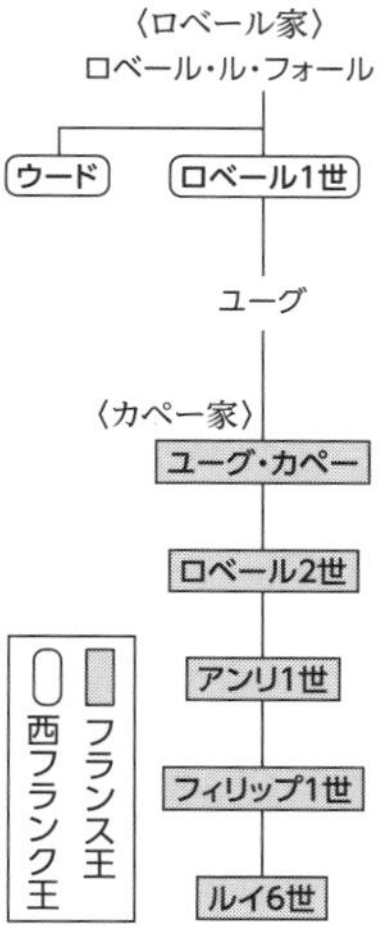

カペー朝のはじまり

987年、後継ぎのいないままルイ5世が死去すると、再び王を選ぶことになります。候補者は、ルイ5世のおじで低ロレーヌ公だったシャルルと、大ユーグの息子であるユーグ・カペーでした。結果は、ランス大司教の覚えめでたく、アキテーヌ公やノルマンディー公、高ロレーヌ公と姻戚関係を築いていたユーグ・カペーが勝利。同年にユーグ・カペーが即位し、ロベール家の人物がまたも王位に就くことになります。

ユーグ・カペーの「カペー」は、じつはユーグのあだ名です。カペーとは聖職者がまとう「ケープ」のことで、ユーグが愛用していたことから、このようなあだ名がつけられました。この言葉はポルトガル語経由で日本に入り、日本語の「合羽《かっぱ》」となったともいわれています。

ユーグ・カペー以降、その子孫が代々王位に就きます。ユーグのあだ名に基づき、王朝は「カペー朝」と呼ばれました。カペー朝は直系で約300年続き、その傍系《ぼうけい》のヴァロワ朝とブルボン朝まで含めると、ユーグ・カペーの血筋に連なる人物が、じつに80

0年にわたってフランス王として君臨することになります。

明確な建国宣言などがあったわけではありませんが、このカペー朝の成立をもって、西フランク王国から「フランス王国」への移行がなされたと考えてよさそうです。

しかし、成立したカペー朝の権力は強くはありませんでした。そもそも王権は弱体化しており、西フランク王国には領邦君主が乱立していました。もとはといえば、ロベール家も領邦君主の1つで、王にまで登りつめたにすぎません。大ユーグの時代には、ロベール家は広大な領土を誇っていましたが、カペー朝が始まった当時、王の支配地はパリを中心にした地域とオルレアンに限られていました。

王というと、広大な国土をすみずみまで支配する絶大な権力者と想像しがちですが、実際にそれぞれの地域を支配していたのは領邦君主でした。この時代の領邦君主が王に忠誠を誓い、王が領邦君主に保護を与える関係を「封建制」と呼びます。王は封建制に基づき各地域を間接的に支配していたのです。カペー朝が始まった当初は、ユーグ・カペーを王と認めない領邦君主もいて、王とはいえ、肩身の狭い思いをしていました。

そのような状況下で、ユーグ・カペーは即位半年にして、息子のロベール（ロベール

2世）を共同統治者として即位させることに成功します。その後、カペー朝では、歴代の王が生前に子息を戴冠《たいかん》させることが慣習となりました。

カペー朝初期の歴代の王は勢力こそ強くなかったものの、こうして王位を守り抜き、来たるべき躍進のときに備えていたといえるかもしれません。平均寿命が短く、子どもが成人することも容易でなかったこの時代において、カペー朝では直系男子の後継者が途絶えることなく、しかもそれぞれの王が長生きしました。このことは「カペー朝の奇跡」と呼ばれています。

十字軍遠征に参加

ユーグ・カペーから数えて6代目にあたるルイ7世は、即位した1137年にアキテーヌ公国の後継者であるアリエノールを妻に迎え、フランス南西部に広がる広大なアキテーヌ公国を手に入れます。父であるルイ6世の時代までにおおよその足場固めを終えており、カペー朝はいよいよ国内的にも国際的にも存在感を強めようとしていました。

1147年、ルイ7世はフランス王として初めて十字軍遠征に参加します。

十字軍遠征は、1095年のローマ教皇の呼びかけで始まり、東ローマ帝国（ビザンツ帝国）の弱体化によってイスラム教徒に苦しめられるようになった東方のキリスト教徒を救うことを目的としていました。第1回十字軍遠征にはフランスから多くの領邦君主が参加し、エルサレム王国やエデッサ伯領といった十字軍国家が建設されました。

ルイ7世の時代、イスラム教徒の反撃でエデッサ伯領が失われたため、第2回十字軍が結成されます。1147年、ルイ7世は満を持してこの第2回十字軍に参加します。ところが、主要な参加者らの足並みがそろわず、第2回十字軍は失敗に終わります。ルイ7世は聖地エルサレムへの巡礼は果たしたものの、帰国を余儀なくされました。

ルイ7世の不運はこれで終わりではありません。アリエノールとの関係が険悪になり、両者は1152年に離縁。

そのころ、日本では？

12世紀中ごろの日本では、藤原氏ら貴族に代わり、武家が政治の表舞台に立つようになります。なかでも、源氏と平氏の争いが激化。1156年には保元の乱、1159年には平治の乱が起こります。この争いに勝った平氏の平清盛が、1167年に武家として初めて太政大臣となりました。

ルイ7世はせっかく手に入れたアキテーヌ公国を失ったうえ、アリエノールがアンジュー伯アンリと再婚し、アンリはアンジュー伯とアキテーヌ公を兼ねた強大な領邦君主となります。このアンリがのちにイングランド王を兼ね、ルイ7世の前に立ちはだかるのです。

フランス王に仕えるイングランド王？

フランスとイギリス（当時はイングランド）との長い争いの歴史は、ルイ7世とアンジュー伯アンリが生きた時代から始まったといえるかもしれません。ただし、争いの火種はもっと以前、カロリング朝の終盤、911年にロロ率いるヴァイキングがノルマンディー地方に定住し、ノルマンディー公国ができたときにまかれました。

1066年、カペー朝4代目の王であるフィリップ1世の治世に、ノルマンディー公ギョームがイングランドに侵攻。時のイングランド王を倒し、みずから即位してイングランド王（ウィリアム1世）となります。このできごとをノルマン・コンクエスト（ノルマン人の征服）と呼びます。

イングランド王になったからといって、ウィリアム1世はノルマンディー公国を放棄したわけではありません。つまり、ウィリアム1世はイングランド王である一方、フランス王に仕えるノルマンディー公ギョームでもあったのです。

この複雑な関係は世代を経ても続き、イングランドでの内乱の結果、ウィリアム1世の血を引くアンジュー伯アンリが、ヘンリ2世としてイングランド王位に就きます。

ヘンリ2世が創始したイングランドにおける王朝は「アンジュー朝」、またはアンジュー家の紋章である植物のエニシダ（プランタ・ジュネスタ）にちなんで、「プランタジネット朝」と呼ばれます。イングランド、ウェールズ、アイルランドといったブリテン諸島域と、アンジュー、ノルマンディー、アキテーヌといったフランス内におよぶ広大な領地だったことから「アンジュー帝国」とも呼ばれます。

イングランドの内紛に介入

アンリ（ヘンリ2世）の躍進を、ルイ7世は指をくわえて眺めていたわけではありません。1151年、アンリがノルマンディー公位とアンジュー伯領を引き継いだ際には、

フランス王家とイングランド王家

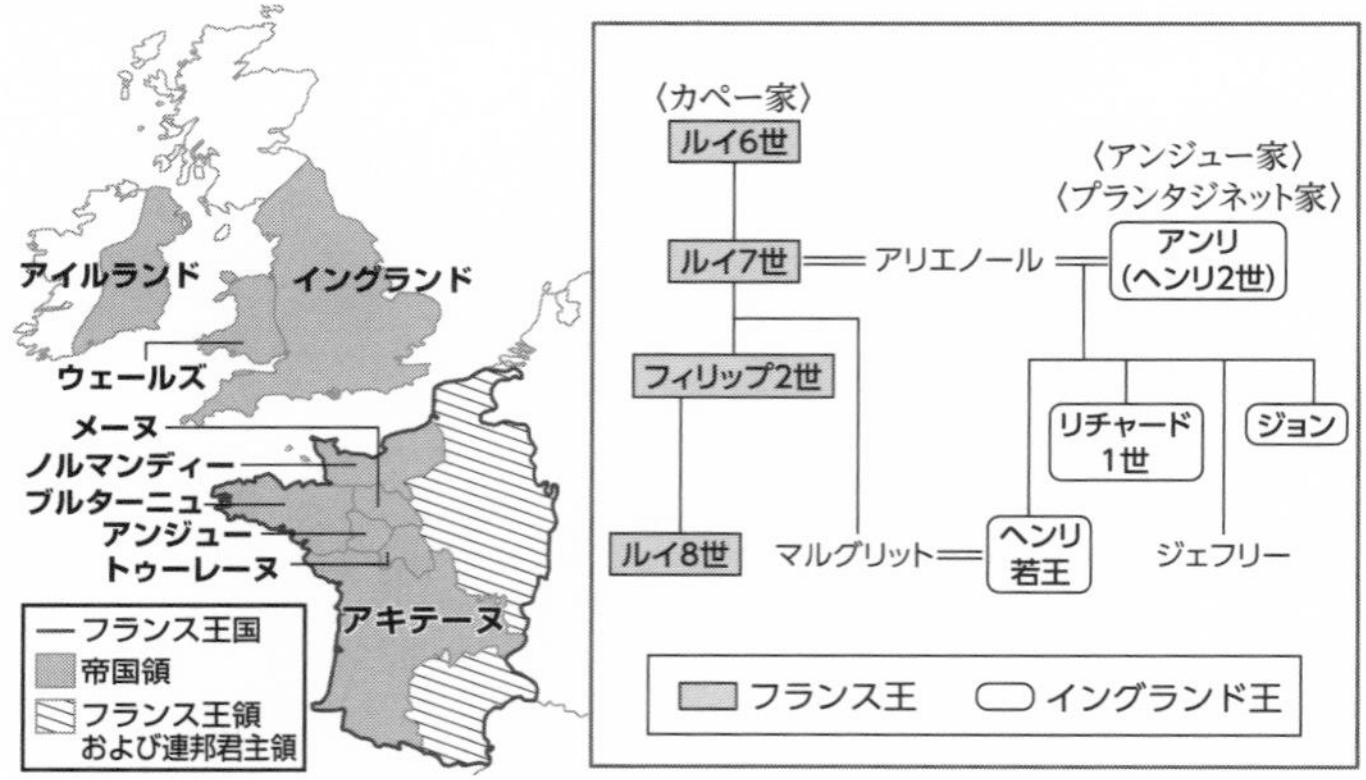

フランス王である自身に対して臣下の礼を取らせています。１１６０年にはルイ7世が再婚してもうけた王女のマルグリットを、ヘンリ2世とアリエノールとの間に生まれたヘンリ若王《わかおう》と婚約させました。アンジュー帝国の後継ぎに対する発言権を強めることが目的であることは、想像にかたくありません。

１１７０年、ヘンリ若王は父親の共同統治者としてイングランド王に即位しました。予定通りマルグリットとの結婚も執り行われ、ルイ7世はヘンリ若王の義理の父親になります。それからしばらく経った１１７３年、イングランドで内紛が起こります。ヘンリ2世が、ヘンリ若王の相続領を末子のジョンに与えようとしたことが原因でした。ルイ7世は、ヘンリ若王の支持を表明。アンジュー家の一族や周辺の領邦君主を巻き込んだ争いに発展します。

結果的にヘンリ若王は抑えられ、ヘンリ2世の実力が改めて確認されましたが、それでもルイ7世はヘンリ2世を十分に苦しめ、アンジュー帝国との戦いを通じて、国際的な影響力を強めました。

獅子心王に苦戦する

ルイ7世が1180年に亡くなると、息子のフィリップ2世がアンジュー帝国との勢力争いを引き継ぎます。一方のアンジュー家では、ヘンリ2世と内紛をくり広げた次男のヘンリ若王が1183年に病死し、四男のジェフリー（ブルターニュ公ジョフロワ2世）も1186年に事故死します。そのため、三男のリチャード（アキテーヌ公リシャール）が王位継承者となりました。

その際、ヘンリ2世が今度はリチャードにアキテーヌ公国を末子のジョンに譲るよう求めましたが、リチャードは拒絶。1188年にフィリップ2世がフランス王としてリチャードを支持したことから、内紛に発展します。

この内紛はリチャード、フィリップ2世軍とヘンリ2世、ジョン軍という対立構図だったのですが、形勢不利と見るや、ジョンは兄のリチャードとフィリップ2世側に寝返ります。そのショックからか、ヘンリ2世は1189年に病死します。

ヘンリ2世の後を継いでリチャードが、イングランド王リチャード1世として即位し、アキテーヌ公とノルマンディー公、アンジュー伯を兼ねることになります。

1190年、フィリップ2世は第3回十字軍に参加します。1187年の戦いでイスラム王朝であるアイユーブ朝の君主であるサラディンに奪われた聖地の奪回が目的で、リチャード1世と神聖ローマ皇帝フリードリヒ1世も参加しました。しかし、フィリップ2世とリチャード1世の関係が悪化。さらに内政問題が発生したこともあり、フィリ

ップ2世は翌年には帰国します。一方、獅子心王《しししんおう》という異名が示すように、勇猛なリチャード1世は聖地にとどまり戦い続けました。

好機到来ととらえたフィリップ2世は1193年、ジョンをそそのかしてリチャード1世がフランスに保有していた領地を次々と占領していきます。ところが翌年、リチャード1世が帰還し、フィリップ2世に挑みます。1196年に和睦《わぼく》したときには、フィリップ2世は奪った領地をほぼ失いました。さらに、結婚が原因でローマ・カトリック教会との関係が悪化するなど、このころはフィリップ2世にとって不遇ともいえる時期でした。

アンジュー帝国の崩壊

1199年、宿命のライバルともいうべきリチャード1世が、戦いでの傷が原因で死去します。その結果、ジョンがイングランド王兼アキテーヌ公兼ノルマンディー公兼アンジュー伯となりました。リチャード1世との勢力争いでは共同戦線を張ることもあったフィリップ2世とジョンですが、フランス王とイングランド王という関係になると話が違ってきます。

フィリップ2世にとって幸運なことに、ジョン王はリチャード1世と異なり、つけ入るすきの多い人物でした。1202年、フィリップ2世はある事件を理由に、フランス王の立場で臣下であるジョンを法廷に召喚します。ところが、ジョンは出廷を拒否。忠誠の義務を果たさなかったかどで、フランスにおけるジョン王の領土をほとんど没収してしまいます。

失策続きのジョン王は、アンジュー家の血を継ぐ神聖ローマ皇帝オットー4世や、フィリップ2世に反抗していたフランスの領邦君主らと手を組み、1214年にフィリップ2世に対して戦いを挑みます。この戦いは、戦場の地名からブーヴィーヌの戦いと呼ばれます。これをフィリップ2世と王太子ルイの軍が撃退します。

1216年、ジョン王も失意のうちに亡くなり、絶大な勢力を誇ったアンジュー帝国は大幅な勢力の縮小を余儀なくされました。とはいえ、その後もイングランド王はアキテーヌ公としてフランスに領地を保持し続けます。それが、のちに起こる百年戦争の遠因となるのです。

フランス史上屈指の名君

ブーヴィーヌの戦いに勝利したフィリップ2世の治世は、絶頂期を迎えます。その在位中にノルマンディー、アンジュー、トゥーレーヌ、オーヴェルニュ、ポワトゥー、アルトワ、ヴェルマンドワ、メーヌ、ラ・マルシュなどを次々と獲得し、王領は即位当時とくらべて4倍に広がりました。

1215年には、王太子ルイをアルビジョワ十字軍に派遣します。アルビジョワとは、南フランスのラングドック地方に根を張っていたマニ教の影響を強く受けた異端とされていた一派で、別名をカタリ派といいます。ローマ教皇の要請でカタリ派を討伐するためのアルビジョワ十字軍が結成されたのが、1209年のことです。フランス王家もブーヴィーヌの戦いが終わると、本格的に参戦しました。この戦いを通じて、フランス王家は南フランスにおける影響力をさらに強めます。

王領を増やしていく一方で、フィリップ2世は行政改革にも力を入れました。

フィリップ1世の治世に設置された王領を管理するプレヴォ（代官）に加え、北部にバイイ、南部にセネシャルという、王が任免権を持つ中間管理職的な代官が新設され、直接支配が行き届く仕組みづくりがなされました。

一方でこの時代、「コミューン」と呼ばれる、都市の自治運動が盛り上がります。商業の活性化にともない、都市の住民たちが領邦君主からの自立を目指したのです。フィリップ2世は彼らに自治権を保証する代わりに忠誠を誓わせ、領邦君主に相当する存在としてあつかいます。とりわけ、王権に対して反抗的な領邦においてコミューンを支持する施策が推し進められました。

中央では統治機構の整備が進みました。11世紀ごろに成立した国王会議（クリア・レギス）が、12世紀には家政を担う「国王内廷《ないてい》（オテル・デュ・ロワ）」と国政を担う「国王会議（クール・デュ・ロワ）」に分かれます。13世紀になると、国王宮廷が、さらに「重臣会議（クール・デ・ペール）」と、王の親族や専門の官僚から構成される「国王顧問《こもん》会議（コンセイユ・デュ・ロワ）」、司法機関である「高等法院（パルルマン）」に分かれ、財政を担当する会計監査院（シャンブル・デ・コント）と、身分制議会である三部会（エタ・ジェネロー）も加わります。

パリが王都として整備されたのも、フィリップ2世の時代でした。1180年に「十八学寮《がくりょう》」がつくられ、大学都市の礎《いしずえ》が築かれました。1183年には中央市場（レ・アル）が新設され、1186年には石畳《いしだたみ》に舗装されます。1190年には戦争状態にあったイングランドの侵攻に備え、高さ約7メートル、総延長約5キロメートルにおよぶパリ城壁の建築が始まりました。「フィリップ・オーギュストの城壁」として知られる城壁です。その城壁の外側にルーヴル砦《とりで》が建てられ、重要な文書などが保管されることになります。のちのルーヴル宮殿の前身にあたる建築物です。

こうして、フィリップ2世の時代にフランス王国は大きく発展しました。数々の業績から、フィリップ2世はフランス史上屈指の名君と評価され、「尊厳王《そんげんおう》（オーギュスト）」と呼ばれています。

そのころ、日本では？

平氏の権勢が衰え始めた1180年、石橋山で源氏の棟梁《とうりょう》だった源頼朝が挙兵します。その後、平氏との戦いを有利に進め、1185年の壇ノ浦《だんのうら》の戦いで平氏を滅亡させ、頼朝は朝廷から全国の守護・地頭の任命権を得ます。そして、1192年に征夷《せいい》大将軍に任じられるのです。

信仰心の篤い王

1223年にフィリップ2世が亡くなると、息子のルイが、ルイ8世として即位しました。ルイ8世は、カペー朝において前王の死後に即位した初めての王です。父の時代に始まったアルビジョワ十字軍を継続し、フランス南部での王家の影響力を強めますが、遠征中に病気にかかり、在位3年で命を落とします。

ルイ8世の後を継ぎ、1226年に12歳で即位したのが、その息子のルイ9世です。ルイ9世は「聖王ルイ(サン・ルイ)」とも呼ばれ、セーヌ川に浮かぶサン・ルイ島やアメリカのセント・ルイスにその名を残しています。この異名から想像できるようにキリスト教への信仰心が篤《あつ》く、王としてはただひとり、没後の1297年にローマ・カトリック教会から聖人に列せられている人物です。

わずか12歳での即位ということもあり、ルイ9世の即位当初には、領邦君主たちが不穏な動きを見せますが、摂政《せっしょう》に就いた母であるブランシュ・ド・カスティーユの助けもあり、成人までどうにか乗り切ります。1229年には、ルイ9世はカタリ派を討伐し、祖父であるフィリップ2世の代から始まったアルビジョワ十字軍を終結に導いています。

　成長したルイ9世は、まずフランス国内のさまざまな問題に取り組みます。それらが一段落した1248年には第6回十字軍に参加しました。イスラム勢力に征服されたエルサレムを奪還することが目的です。ところが、イスラム勢力の捕虜になるなど苦難の連続で、大きな成果をあげることができないまま、1254年に帰国します。この十字軍遠征を境に、ルイ9世は「聖王」という異名に見合った存在になっていきます。

ルイ8世以降の王家

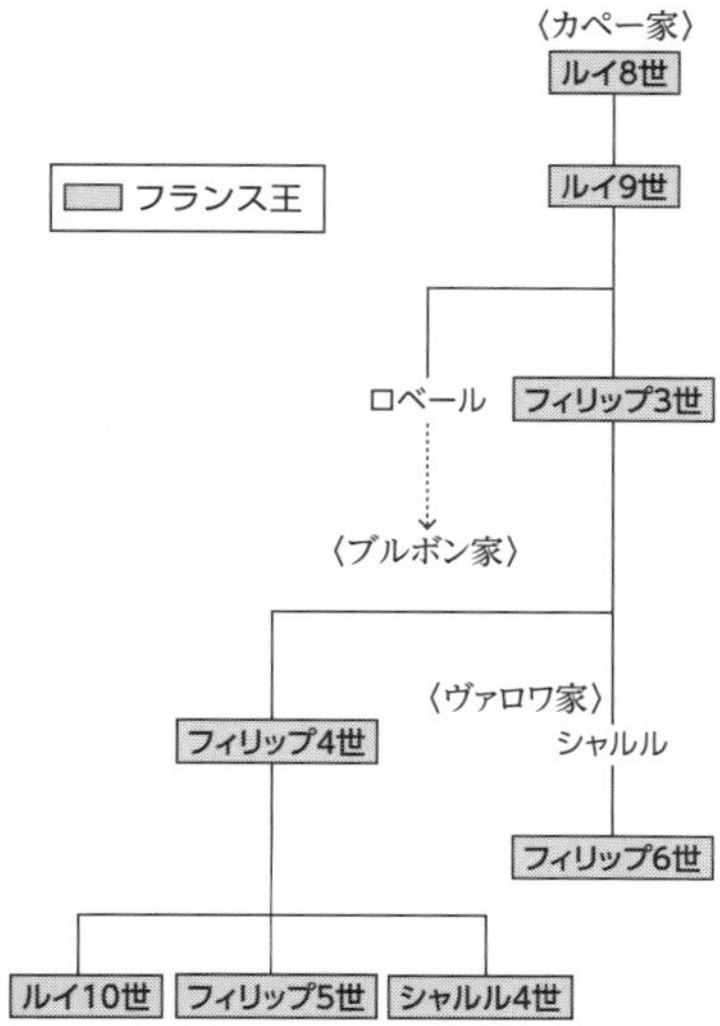

　ルイ9世は質素な生活を心がけ、教会や修道院を手厚く保護しました。1257年にはロベール・ド・ソルボンを支援し、パリに神学研究のための学寮を建てます。それがヨーロッパ最古の大学の1つ、ソルボンヌ大学（現在のパリ第1大学）の起源となります。

外交においては、戦争ではなく交渉による解決を心がけました。1258年には、アラゴン王ハイメ1世との間に条約を結び、スペイン辺境領などの宗主権を放棄する代わり、アラゴン王の南フランスの領有権を放棄させ、アラゴンと南フランスのつながりを絶つことに成功しました。同年、イングランド王とパリ条約を結び、イングランド王にノルマンディー、アンジューなどを正式に手放させ、代わりにアキテーヌのいくつかの土地を返還しています。

神聖ローマ皇帝を支持する皇帝派と、ローマ教皇を支持する教皇派による争いが起こったときには、その仲裁を頼まれるなど、国際的な調停役としても活躍しました。

1270年、ルイ9世は第7回十字軍を組織し、再びイスラム世界に攻め入ろうと、現在のチュニジアに足を踏み入れたところで体調を崩《くず》してしまい、そのまま帰らぬ人となりました。

冷徹な王のもと進む政治改革

ルイ9世の後を継いだ息子のフィリップ3世は、15年の在位期間中に王権をさらに強固なものにしました。1285年に即位したフィリップ3世の息子フィリップ4世も、フィリップ2世、ルイ9世と並び称される、カペー朝の名君です。

フィリップ4世の時代、カペー家はすでに多くの領土を誇り、強大な力をつけていました。フィリップ4世が強化したのは王権であり、それを支えたのが、大学などで法律の専門的な知識を身につけた「法律顧問（レジスト）」と呼ばれる人々です。

平和路線を取った祖父のルイ9世と異なり、フィリップ4世は次々と戦争を起こします。当然のことながら戦費がかさむと、戦費を調達するための打開策として聖職者への課税を決断します。ところが、このことがローマ教皇ボニファティウス8世の怒りを買います。

1301年、反抗的な態度を取ったかどで、フィリップ

そのころ、日本では？

13世紀後半、中国大陸から元軍が侵攻してきます。いわゆる蒙古《もうこ》襲来（元寇《げんこう》）です。二度の戦いで元軍をしりぞけますが、戦った御家人は十分な恩賞がもらえず、借金に苦しみます。御家人を救う手立てとして鎌倉幕府は、1297年に日本で初めて徳政令（永仁《えいにん》の徳政令）を出しました。

4世が教皇派の司教をとらえさせると、ついにボニファティウス8世の怒りが頂点に達します。

教皇との関係が険悪となる中、1302年、フィリップ4世はフランス全土の代表者をパリのノートルダム大聖堂に集め、教皇との紛争について意見のすり合わせを行います。聖職者（第一身分）、貴族（第二身分）、平民（第三身分）の3つの身分の代表が一堂に会したため、この集まりは「三部会」と呼ばれます。三部会はこののち、絶対王政期まで断続的に開かれることになります。

ちなみに、このとき会場となったノート

ルダム大聖堂は、初期ゴシック様式を代表する建物とされています。ゴシック様式とは、12世紀のパリを含む北フランスを発祥《はっしょう》とし、16世紀までヨーロッパの建築や芸術の主流とされました。建築物においては高い天井と大きな窓やステンドグラス、先のとがったアーチなどが取り入れられているのが特徴です。

１３０２年の三部会で国内の支持を得て、翌年9月、フィリップ4世はローマ近郊のアナーニを訪れていた教皇をとらえさせました（アナーニ事件）。教皇はすぐに自由の身となりましたが、あまりのショックに1カ月後に死去します。

その後、教皇になったベネディクトゥス11世は、フィリップ4世をおそれたのか、フィリップ4世の行いを不問に付《ふ》しました。このベネディクトゥス11世も在任1年と経たずに急死します。

１３０５年には、フランス出身でボルドー大司教だった人物が選出され、クレメンス5世として教皇に即位しました。当時のイタリアでは教皇派と神聖ローマ皇帝派の対立が激化していたため、１３０９年、教皇庁をフランス南部の都市アヴィニョンに移すことが決定。以後、約70年にわたって教皇庁はアヴィニョンに存在し、教皇はフランス南部の出身者が占めました。

こうして、フィリップ4世はフランスの王権を強化して、ローマ教皇の影響力を封じ込めること以外に、もう1つ大きな行動を起こします。それが、テンプル騎士団の解散です。

テンプル騎士団は、十字軍に際して巡礼者の保護を目的に創設されたローマ教皇直属の団体です。カトリック教会の後ろ盾として莫大な資産を築き、現在でいう銀行業のようなことを行っていました。ルイ7世の治世からフランスの国庫を預かるようになり、フィリップ4世の時代まで続いていました。

ところが1307年、フィリップ4世は異端などのかどで団員の逮捕を命じ、1310年には54人を火刑に処します。一説によれば、会計監査院を通じてフランス王国側で財務運営を握るために、テンプル騎士団は処分されたとされています。そして1312年にテンプル騎士団は解散しました。

フィリップ4世は「美男王」という異名の持ち主ですが、その外見の美しさとは裏腹の冷徹《れいてつ》さで、王政による統治機構の強化に努めたのです。

カペー朝の落日

カペー朝は直系男子の後継者が途絶えず、ほとんどの王が長生きでした。「カペー朝の奇跡」と呼ばれるとおりです。しかし、フィリップ4世の後を継いだ息子のルイ10世から事態が変わってきます。ルイ10世と最初の王妃の間には女子しか生まれませんでした。ルイ10世が亡くなったときに、ふたり目の王妃が妊娠中で、王の死後、男子が誕生しますが、わずか数日で亡くなります。じつはフランク王国の時代から、フランスでは土地および王位・爵位《しゃくい》は男子のみが相続するという決まりが存在していました。女王の存在や女系の王位継承を禁止したこの王位継承法を「サリカ法」と呼びます。サリカ法にのっとり、ルイ10世の王女は後継ぎには選ばれなかったのです。

ルイ10世の後継者には、その弟であるポワティエ伯フィリップが、フィリップ5世として即位しました。ですが、フィリップ5世にも世継ぎは生まれません。フィリップ5世の次は、その弟のラ・マルシュ伯シャルルが、シャルル4世として即位します。今度こそはと期待されましたが、シャルル4世も後継ぎがないまま世を去ることになります。

知れば知るほどおもしろいフランスの偉人❸

「ヨーロッパの祖母」とされる女傑《じょけつ》

アリエノール

Aliénor d'Aquitaine

（1122 ～ 1204）

フランス王妃からイングランド王妃へ

アリエノールは型破りな性格だったといわれます。最初の夫であるフランス王、ルイ７世の第２回十字軍に随《ずい》行《こう》しています。その後、真面目な性格のルイ７世とそりが合わず、男子に恵まれなかったため離縁します。

そのわずか２カ月後にアンジュー伯アンリと再婚。アンリがヘンリ２世として王位に就くと、今度はイングランド王妃となりました。

ヘンリ２世は野心家で、アリエノールとの娘を政略結婚させます。そのひとりがたくさんの子どもを産み、アリエノールの血がヨーロッパ中に広まったことから、「ヨーロッパの祖母」と呼ばれるようになりました。

ヘンリ２世亡きあと、戦いに明け暮れる息子のリチャード１世に代わって摂政として国を支えます。リチャード１世が敵につかまると、70歳を超える身ながら、みずから他国へ交渉に出向き、解放にこぎつけました。

chapter 4

攻められて攻めて

ヴァロワ朝が始まる

1328年にシャルル4世が亡くなったとき、ルイ10世が亡くなったときと同じように、王妃は妊娠中でした。出産を待つ間、ヴァロワ伯フィリップが摂政を任されます。ところが、生まれたのは女の子でした。やはりルイ10世のときと同じように、王女は後継ぎになれません。次の王を選ぶべく重臣会議が開かれ、摂政だったヴァロワ伯フィリップが王に選ばれます。

フィリップの父であるシャルルはフィリップ4世の弟で、親王《しんのう》領（親王とは長子以外の王子や王弟のこと）として北部のヴァロワ地域を与えられ、ヴァロワ伯となった人物です。フィリップはフィリップ4世のおいにあたり、カペー家の血を継いでいました。

突然、王位を手にすることになったヴァロワ伯フィリップは、歴代の王と同じようにランスのノートルダム大聖堂で戴冠式を行い、フィリップ6世として即位しました。ここに、約300年にわたって続いてきたカペー朝の直系王統は絶え、代わって「ヴァロワ朝」が始まります（65ページの図を参照）。

百年戦争が勃発

ヴァロワ伯フィリップのフランス王への即位に際して、待ったをかけた人物がいました。フランス王家と因縁《いんねん》深い、プランタジネット家に連なるイングランド王のエドワード3世です。エドワード3世の母親であるイザベルはフィリップ4世の娘で、エドワード3世もカペー家の血を引いていました。つまりは、「自分（エドワード3世）にもフランス王の王位継承権がある」というわけです。

結局、ヴァロワ伯フィリップがフィリップ6世として即位し、エドワード3世はアキテーヌ地方を領有するギュイエンヌ大公としてフィリップ6世に臣従の礼をとります。

しかし、問題はそのあとでした。当時、野心家であるエドワード3世はスコットランド王国を征服しようとして手を焼いていたところに、フィリップ6世がそのスコットランドを公然と支援したのです。また、フランドル地方（現在のベルギー西部を中心とした一帯）をめぐる問題も両者の間にはありました。フィリップ6世は豊かなフランドル地方の支配を目論んでいましたが、毛織物産業の盛んなフランドル地方は原料である羊

百年戦争時における各王家

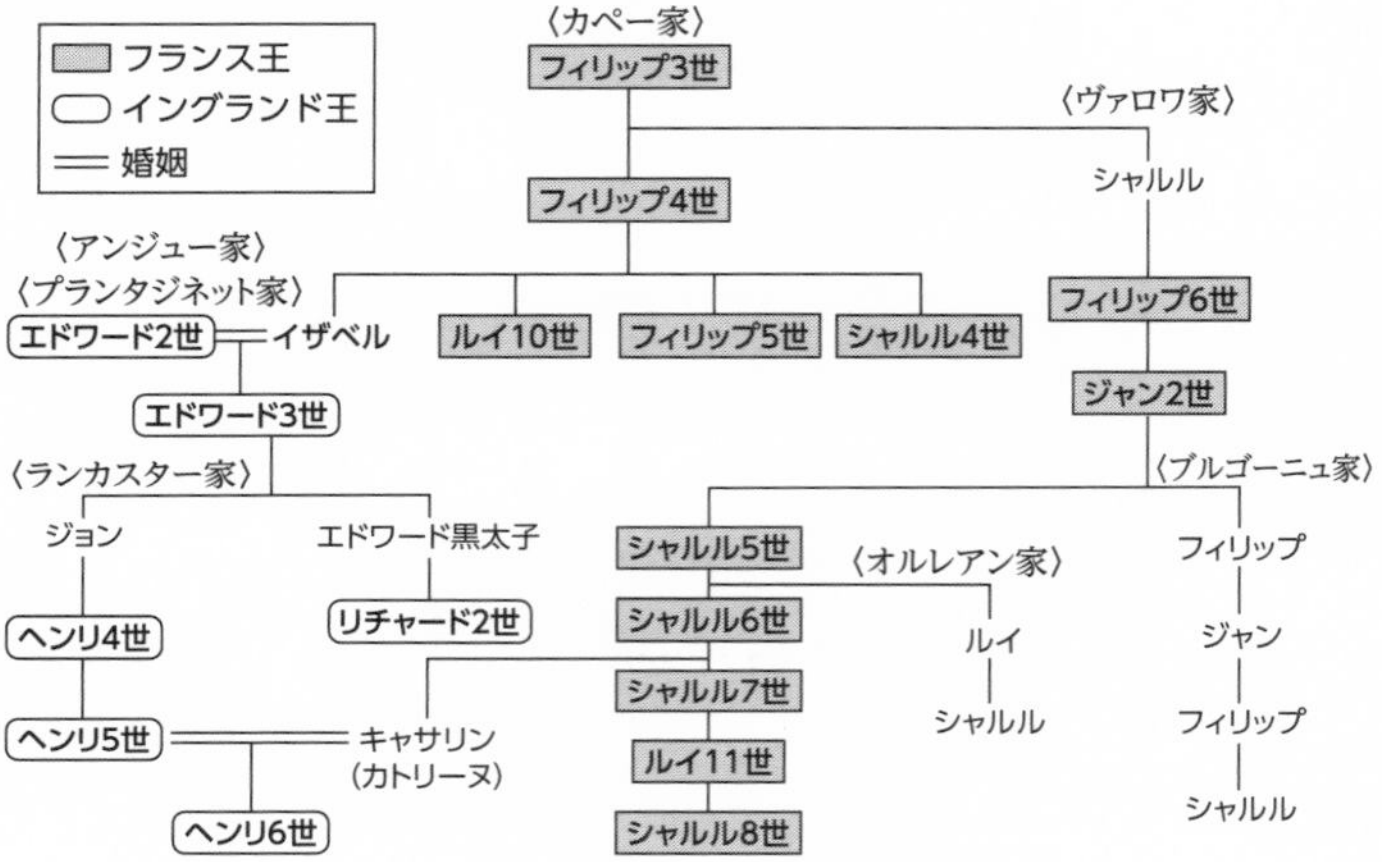

毛をイングランド王国から輸入しており、イングランドと密接な関係にあったのです。

いくつもの要因がからみ合い、両者の関係は悪化の一途をたどり、１３３７年にはエドワード３世のフランスにおける領地の一部をフィリップ６世が没収しようとします。怒ったエドワード３世がフィリップ６世への臣従を撤回。フランスの王位継承者を名乗って、フィリップ６世に挑戦状を送りつけました。

そして、フランスを舞台としたフィリップ６世とエドワード３世による戦いが、１３３９年から始まりました。ここに始まった戦争は１４５３年まで断続的におよそ１

00年間続くことから、のちに「百年戦争」と呼ばれることになります。

一進一退の戦いが続きますが、1341年にブルターニュ公が亡くなると、その後継者争いに乗じて、エドワード3世はブルターニュに軍を駐留させることに成功します。

1346年にはフランス北部での戦いにおいて、エドワード3世の息子のエドワード黒太子《こくたいし》の活躍もあってイングランド軍が大勝。フランス北部の都市であるカレーがイングランドの手に落ちました。カレーはその後、1558年までイングランド領となります。

1350年にはフィリップ6世が死去。その後、息子のジャン2世が百年戦争を引き継ぎます。

黒死病が猛威を振るう

この時代、百年戦争だけでなく、さまざまな危機がフランスを襲います。

天候不順や農作物の不作が原因で、たびたび飢饉《ききん》が起こりました。1347年には中央アジアで発生したペストの一種である黒死病の菌がヨーロッパに上陸。フランスにも到達し、この黒死病の大流行で当時のフランスにおける人口の約3分の1が死亡したとされています。

黒死病が流行していた最中の1356年、戦いに敗れたジャン2世がイングランド軍の捕虜となり、イングランドの王都であるロンドンの邸宅に幽閉されてしまいます。

国王がとらえられるという前代未聞の事態に続き、戦争、飢饉、疫病《えきびょう》によりフランス国内が荒廃したことから民衆の間では不満が広がり、1358年、フランス北部を中心に「ジャックリ」と呼ばれる農民の大規模な反乱（ジャックリの乱）が起こりました。

それに呼応するように同じ年、パリ市長に相当するパリ商人頭のエティエンヌ・マルセルが、王政のあり方に異を唱え、反乱（エティエンヌ・マルセルの乱）を起こします。

王太子シャルルの活躍

この危機的な状況に敢然《かんぜん》と立ち向かったのが、王太子シャルルでした。王太子シャルルは父のジャン2世がロンドンで幽閉されている間の国政を担い、ジャックリやエティエンヌ・マルセルの反乱を鎮圧します。ただし、国内の反乱をうまく収めたといっても、イングランド軍に対する劣勢は変わりません。1360年、王太子シャルルはエドワード3世とブレティニー・カレー条約を結びます。この条約によって、エドワード3世はブルターニュとフランドルを放棄する代わりに、フランス南西部に広い領地を獲得します。加えて、フランス王に臣従する必要がなくなります。一方のフランス側は多額の賠《ばい》償金《しょうきん》をイングランドに支払わなければならなくなりました。

王太子シャルルは戦費や賠償金の調達のために貨幣を改鋳《かいちゅう》したり、新たな税を設けたりするなど、さまざまな財政政策に奔走《ほんそう》します。その中でも特筆すべきは税制改革です。王太子シャルルはのちにフランス王国を支えることになる税制を導入します。所帯ごとに課税する直接税の「戸別税（タイユ）」と、消費に際して課税する間接税の「塩税（ガベル）」です。その税制政策から、王太子シャルルは後世において「税金の父」と呼ばれています。

こうした努力にもかかわらず、王太子シャルルは賠償金の全額は支払うことができませんでした。1364年、ジャン2世は幽閉されたままロンドンで死去。王太子シャルルが、シャルル5世として即位します。

百年戦争における前半期は、必ずしもフランスが一方的にイングランドにやられていたわけではありません。

1368年、エドワード黒太子が先の条約で手に入れた領地に理不尽な課税をしたことをきっかけに、シャルル5世は裁判を通じて奪われた領地の大部分をイングランドから取りもどすことに成功しています。1375年にはブリュージュの和約を結び、カレー、ボルドー、バイヨンヌを除き、イングランドに奪われた土地のかなりを回復しました。こうして百年戦争の最初の局面が終了します。

身内同士の争いが激化

1380年にシャルル5世が亡くなると、息子のシャルルがわずか12歳でシャルル6世として即位しました。ところが、シャルル6世は脳神経疾患《しっかん》を抱えていて、1392年には精神に異常をきたし、王としての務めを果たせなくなります。この機に勢力争い

に躍《おど》り出た有力者がいました。王の後見役となったブルゴーニュ大公ジャンと、シャルル6世の弟であるオルレアン公ルイです。

ブルゴーニュ家は、1363年にシャルル5世の弟であるフィリップが、親王領としてブルゴーニュ地方を獲得したことに始まりました。婚姻《こんいん》によって1384年にはフランドル伯領も手に入れます。そのフィリップの子どもがジャンです。

一方のオルレアン公は、ヴァロワ朝の創始者であるフィリップ6世が2番目の息子フィリップに授けた爵位でした。その後、シャルル5世も同じ爵位を次男のルイに授けます。こうしてオルレアン公の爵位は、王太子に次ぐ王家の男子に授けられる、フランスの公爵位の中で最も格の高いものになっていきます。

そもそもヴァロワ朝を創始したフィリップ6世も、ヴァロワ伯という親王家の出身です。かつて領邦君主が林立し、一国一城の主としてそれぞれの地域を治めていた時代は終わりつつありました。しかし、国王に戦力を提供した貴族たちの所領支配は依然として強く、親王領を有する親王は王に対して臣従する必要がなかったため、自立的な傾向を示し、時に王の利益に反する身勝手な行動を取ることもありました。

ブルゴーニュ公フィリップとジャンの父子はフランス東部と北部に勢力を広げ、一方のオルレアン公ルイは西部と南部に勢力を広げました。両家の衝突は時間の問題とされた中、１４０７年にオルレアン公ルイがブルゴーニュ派に暗殺されます。ルイの息子シャルルがオルレアン公を継ぐと、その舅《しゅうと》であるアルマニャック伯を中心とした諸侯がルイを支援します。こうして、ブルゴーニュ派とオルレアン・アルマニャック派という王家の傍系同士の権力争いが激化していきます。

百年戦争が一段落したのもつかの間、フランス国内は内乱の様相を見せ、そこにイングランドが関わってくるのが、百年戦争の第2の局面です。

フランス王が同時にふたり!?

イングランドではリチャード2世の代でアンジュー（プランタジネット）朝が終わり、１３９９年からランカスター朝が始まっていました。１４１５年、イングランド王のヘンリ5世がフランスの内乱に乗じ、フランスに奪われた土地の返還とフランス王位を要求してノルマンディーに上陸します。これをアルマニャック派を中心としたフランス軍が迎え撃ちますが大敗しました。

　1417年、兄が相次いで亡くなったことから、シャルル6世の五男のシャルル（のちのシャルル7世）に王太子の称号が与えられました。そんな中、イングランド軍が再び攻め寄せます。この機にブルゴーニュ派がパリを制圧して実権を握ると、王太子シャルルは中部の都市ブールジュへと逃れました。

1420年前後のフランス

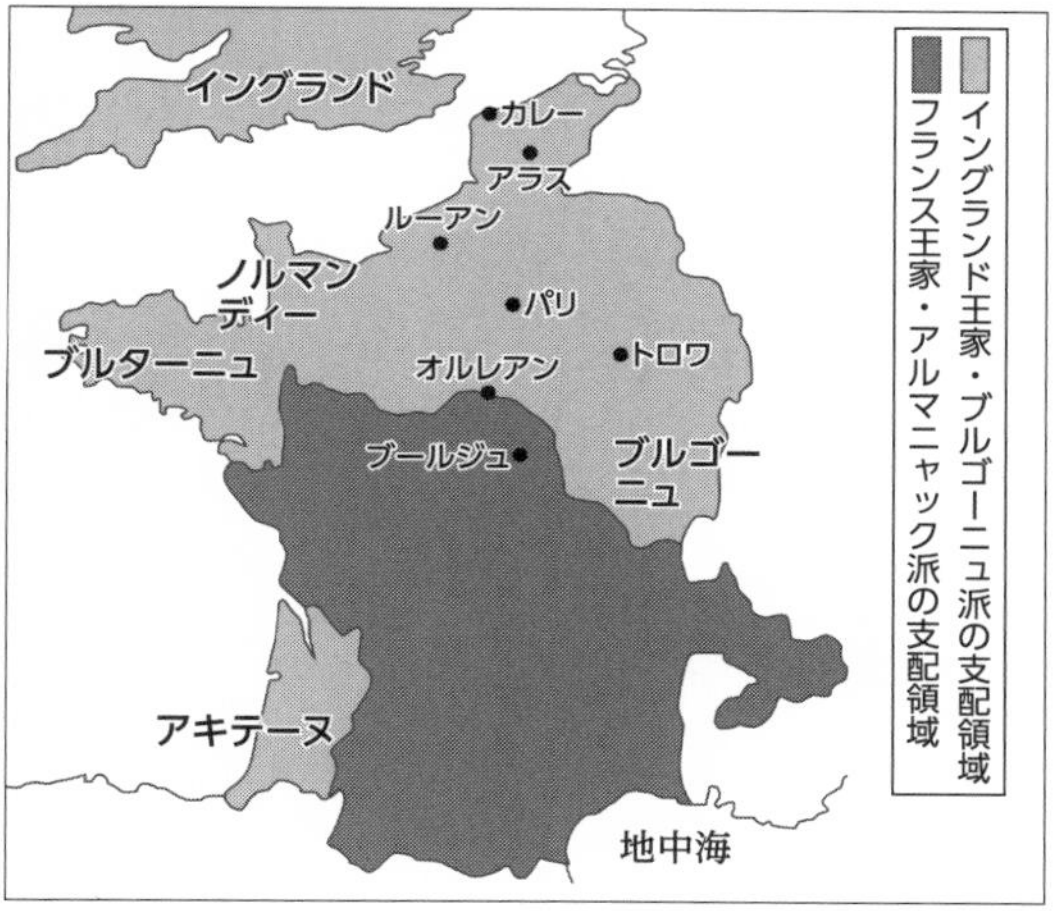

　しかし、イングランド軍の勢いを危ぶんだブルゴーニュ派は、イングランド軍に対抗すべくアルマニャック派との間で和解の会談を設けたところ、その席でブルゴーニュ公ジャンが暗殺されます。
　ジャンの後を継いだ息子のブルゴーニュ公フィリップは、暗殺は王太子シャルルの差し金だとしてイングランド王と手を組み、1420年にはフランス王家はヘンリ5世とトロワ条約を結びます。ヘンリ5世がシャルル6世の王女であるキャサリン（カトリーヌ）と結婚し、シャルル6世の死後にフランス王位を継承するという内容です。この取り決めは三部会でも承認されます。

1422年にはヘンリ5世とシャルル6世が相次いで亡くなります。その結果、トロワ条約に基づき、ヘンリ5世の息子で生後わずか10カ月のイングランド王のヘンリ6世が、フランス王を兼ねます。そして、ヘンリ6世のおじであるベッドフォード公が摂政を務め、ロワール川以北のフランスの地を支配しました。

一方そのころ、トロワ条約によって王位継承権を失ったとされた王太子シャルルは、アルマニャック派の支援を受け、ロワール川以南のフランスの地を支配していました。シャルル6世が亡くなると、シャルル7世として即位することを宣言しますが、ブルゴーニュ派はこれを認めません。そうこうするうち、1428年にアルマニャック派の要地であるオルレアンがブルゴーニュ派とイングランド軍に包囲され、シャルル7世はピンチを迎えます。

戦局をくつがえした乙女

１４２９年、シャルル７世のもとをひとりの少女がたずねてきます。神の使いだと称する少女はオルレアンを解放し、シャルル７世を聖別させるよう神に命じられたと述べます。この人物こそ、「オルレアンの乙女《おとめ》」という呼び名で知られるジャンヌ・ダルクです。ジャンヌは、シャルル７世から預かった軍勢を鼓舞《こぶ》してオルレアンを解放に導き、イングランド軍を退けます。

その後、シャルル７世はジャンヌにうながされ、ランスで戴冠式を行い、正式にフランス国王となりました。ジャンヌの介入がきっかけで、シャルル７世の陣営は勢いを盛り返すことになります。

救国の英雄となったジャンヌでしたが、その最期は悲しいものでした。１４３０年

の戦いでブルゴーニュ軍の捕虜となると、イングランド軍の手に渡り、翌１４３１年にはは宗教裁判にかけられ、異端としてフランス北西部の都市ルーアンの広場で火刑に処されてしまったのです。

ジャンヌが広く知られるようになったのは、じつは19世紀半ば以降になってからのことです。その事跡《じせき》から国を守るヒロインとして神聖化され、ローマ・カトリック教会によって、１９２０年に聖人に列せられました。

百年戦争が終わって

ジャンヌが処刑されたあとも、アルマニャック派は優勢を保ちました。１４３５年にはそれまで敵対関係にあったブルゴーニュ派とアラスの和約を結び、和解します。シャルル7世はイングランド軍への攻勢を強め、１４３６年にはパリを取りもどします。その後も勝ち続け、１４５３年のカスティヨンの戦いでの勝利をもって、１３３９年に始まった百年戦争が終結しました。

フランス軍は大陸からイングランド軍を駆逐《くちく》し、フランスにおけるイングランド領はカレーのみになりました。しかも１４５５年にはプランタジネット家の傍系であるランカスター家とヨーク家の間での争いが内乱に発展したため、イングランドにはフランスで戦い続ける余力が残っておらず、以後、本格的にフランスへ攻め込むことはありませんでした。

百年戦争を終え、イングランドの脅威を退けたフランス王家にとって、次に立ち向かわなければならない存在は、ブルゴーニュ公国でした。

１４６１年、シャルル7世が亡くなると、息子のルイ（ルイ11世）が即位します。ルイ11世はブルゴーニュ公国に対する攻勢を強め、１４７７年の戦いでブルゴーニュ公シャルルを倒します。ブルゴーニュ公シャルルには男子の後継者がなく、娘のマリーが後を継ぎます。ルイ11世はマリーに領土を差し出すよう要求しますが、同年、マリーは名門ハプスブルク家のマクシミリアン1世（のちの神聖ローマ皇帝）と結婚。そして、ルイ11世の息子であるシャルル8世が、１４９３年に結んだマクシミリアン1世との和約によって、ブルゴーニュ地方はフランス領となり、ブルゴーニュ公国は解体されました。

他方でルイ11世は、残っていた領邦君主領をわがものとすべく動き、アンジュー、メーヌ、プロヴァンスを国王領に加えます。さらにシャルル8世は１４９１年にブルターニュ公国の女公のアンヌと結婚し、ブルターニュ公国の領有を目論見ます。しかしシャルル８世は数年後に亡くなったため、ブルターニュ公国は存続し、その後、フランソワ1世がアンヌの娘のクロードと結婚し、クロードが没したあとの１５３２年、ブルターニュ公国は国王領に併合されました。

百年戦争を経て領邦君主領の解消が進み、フランスの王権は強まりますが、軍事力を支えた貴族たちの所領支配を基盤とした実力は、簡単には衰えません。そうした中で、カペー朝の後期に始まる統治機構や、シャルル5世の時代から形成された税制の展開もあり、フランス王国は少しずつ近代国家に向けての歩みを進めていくことになります。

イタリアへの野心

ルイ11世が１４８３年に亡くなり、後を継いだシャルル8世はナポリ王国の王位継承権を主張し、１４９４年に3万の軍勢を従え、イタリア遠征に出発します。この遠征をきっかけに、多くの国が関わる50年以上におよぶ「イタリア戦争」が始まりました。

当時のイタリアは複数の小国家が乱立しており、とくに強い勢力を誇っていたのが、ミラノ公国、ヴェネツィア共和国、フィレンツェ共和国、教皇領国家、そしてナポリ王国の5つです。そのナポリ王国で13世紀に王位にあった人物の血を引く自分にも王位継承権はあるという主張のもと、シャルル8世は戦争をしかけました。ただし、この主張は強引であり、勢力を拡大したかったのはもちろんですが、地中海貿易で得られる富、全盛期のルネサンス（古典文化の復興運動）へのあこがれもあったといわれています。

15～16世紀の王家

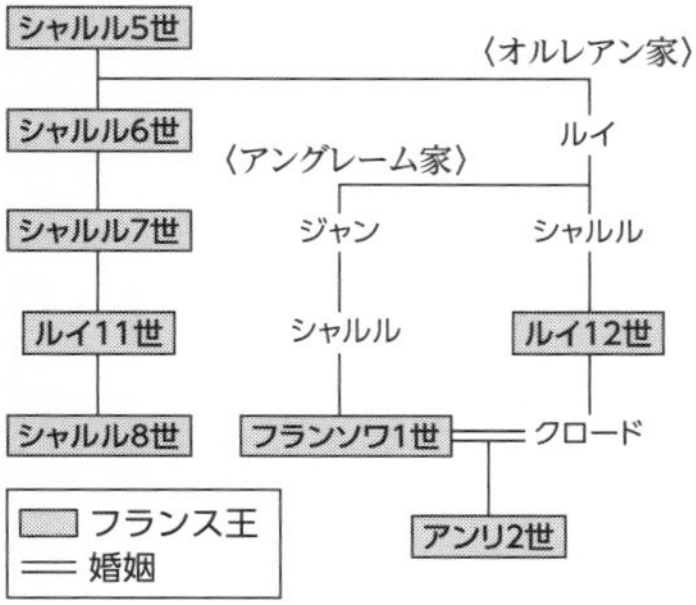

傭兵部隊を中心としたフランス軍は強力で、1495年には難なくナポリ王国を占領します。ところが、イタリア諸国が同盟を結成し、反撃を開始。フランス軍は同年のうちに撤退を余儀なくされます。

帰国したシャルル8世は後継ぎのないまま、1498年に亡くなります。そのため、シャルル6世の弟のルイから始まった傍系であるオルレアン家のルイが王位を継ぎ、ルイ12世として即位しました。

ルイ12世の祖母はミラノ公であるヴィスコンティ家の出身でした。そうした事情もあり、ルイ12世はナポリ王国とミラノ公国の継承を主張して、１４９９年に出兵します。まずはミラノ公国を、次いでナポリ王国を占領しますが、やはりローマ教皇を中心とした同盟勢力の抵抗にあい、イタリアの支配はかないませんでした。

ルイ12世も後継ぎがいないまま１５１５年に亡くなると、オルレアン家と同じく、傍系であるアングレーム家のフランソワが、フランソワ１世として即位することになります。フランソワ１世もまた、即位早々にイタリアに出征し、１５１６年にはミラノ公国を占領することに成功しました。

イタリアをあきらめない

１５１９年、神聖ローマ皇帝のマクシミリアン１世が亡くなります。神聖ローマ皇帝は、血筋で決まるのではなく、七選定侯（神聖ローマ皇帝の選挙権を有する7人の有力な諸侯）による選挙で選ばれることになっていました。当然、次の皇帝を選ぶ選挙が行われることになりますが、なんとこの選挙にフランソワ１世が立候補します。ただし、結果は敗退。ハプスブルク家出身のスペイン王カルロス1世が選挙で選ばれ、神聖ローマ皇帝（カール5世）としても即位しました。こうして、フランスを東西から挟まれることになったフランソワ1世は、是が非でもイタリアを押さえたいと考えます。

1521年、フランスと神聖ローマ帝国の間でイタリアをめぐる争いが始まります。教皇レオ10世はカール5世と手を組んで、フランスの支配下にあったミラノ公国を攻撃。ミラノ公国は奪われてしまいます。1525年の戦いでは前線に出ていたフランソワ1世が帝国軍の捕虜となり、スペインの王都マドリードに幽閉されます。その後、自由の身になるために、ミラノやナポリ、さらにはブルゴーニュやフランドルにおける権利の放棄を盛り込んだ条約を結びます。

ところが、帰国したフランソワ1世は条約の反故《ほご》を表明し、今度は神聖ローマ帝国の強大化をおそれたローマ教皇、イタリア諸国と手を組み、1527年に再び戦端が開かれます。

泥沼にはまり込んだイタリア戦争に終止符が打たれたのは、フランソワ1世の息子であるアンリ2世の時代でした。1547年に王に即位し、父の遺志を受け継いだアンリ

2世は、カール5世を相手に戦いを続けます。しかし、1556年にカール5世は退位を決意。神聖ローマ皇帝位をカール5世の弟であるフェルディナント1世が、スペイン王位はカール5世の息子のフェリペ2世が受け継ぎ、スペインと神聖ローマ帝国は分かれました。

長く続く戦争の負担が重くのしかかったことから、1559年にフランスとスペイン、この時期にはフランスに味方していたイングランドとの間で、カトー・カンブレジ条約が結ばれることになりました。

その結果、フランスはイタリアにおける権利を完全に放棄する一方で、フランス北部の諸都市、イングランドが所有していたカレーを取りもどします。そして和平の証《あかし》として、フェリペ2世と、アンリ2世の娘であるエリザベートが結婚しました。

そのころ、日本では？

室町時代末期には、武田信玄や上杉謙信、毛利元就《もとなり》といった武将が領土争いをくり広げていました。それらの武将にくらべれば弱小勢力に過ぎなかった織田信長が、1560年の桶狭間《おけはざま》の戦いで今川義元の軍勢を破ります。以後も信長は勢力を広げ、1573年に室町幕府を終わらせるのです。

ルネサンスがもたらしたもの

イタリア戦争の時代、戦地となったイタリアはルネサンスの真っ盛りでした。古代ローマ帝国発祥の地であるだけでなく、地中海貿易で商業が栄え、１４５３年に滅んだ東ローマ帝国（ビザンツ帝国）からすぐれた学者や文化人が次々にイタリアに移住したことから、当時のイタリアは文化・芸術の中心地となっていたのです。

シャルル8世はイタリア遠征の戦利品として、大量の美術品を持ち帰りました。とくにイタリア・ルネサンスに感銘を受けたのが、フランソワ1世です。１５１６年にはイタリア美術の巨匠、レオナルド・ダ・ヴィンチをフランス中部のアンボワーズ城近くの館に招きました。ダ・ヴィンチは亡くなるまでの3年間をその地で過ごしています。

フランソワ1世はまた、ルネサンス様式の建築物を多くつくらせます。パリ郊外のフォンテーヌブロー宮殿の改築に際しては、ロッソ・フィオレンティーノをはじめとするイタリア人芸術家を多数招きました。それらのイタリア人とともに仕事をしたフランス人の芸術家はフォンテーヌブロー派と呼ばれます。

このようにしてイタリアのルネサンス様式が定着したフランスではその後、その影響を吸収した独自の古典主義芸術が花開くことになります。

フランソワ1世の文化面への功績はそれだけにとどまりません。1530年には今日のコレージュ・ド・フランスという特別高等教育機関の前身となる「王立教授団（コレージュ・ロワイヤル）」を創設します。これは研究者の団体で、研究の成果を市民に還元するという教育的な側面も持っていました。

1539年には「ヴィレール・コトレの王令」を発布し、公文書にはラテン語ではなくフランス語を用いることを義務づけました。フランス語に正統性を与え、フランス語文化を豊かにするうえで非常に重要なことでした。

教会よりも国王の権力が優先

フランソワ1世がイタリア戦争で手に入れたのは、文化事業だけではありません。王権の強化という観点からすると、1516年にローマ教皇レオ10世との間で結ばれた「ボローニャ政教協約（ボローニャ・コンコルダート）」が重要といえます。これは、大司教や司教、修道院長といったフランス国内の高位聖職者の任命権はフランス国王が持つことを確認したものです。

さかのぼることカペー朝後期のフィリップ4世の治世、フランス王は教皇に対して優位に立とうと、アナーニ事件に代表されるゆさぶりをかけます。1309年から1377年にかけて教皇庁がローマからアヴィニョンに移るという事態にも発展しました。1377年に教皇グレゴリウス11世がローマに帰還することで、約70年続いたアヴィニョンの教皇庁は終わりを迎えましたが、教皇のイタリア帰還に反対するフランス人の枢機卿《すうききょう》（教皇に次ぐ高位の聖職者）らがアヴィニョンに別の教皇を立てます。こうして、ローマとアヴィニョンにそれぞれ教皇が立つ「教会大分裂（シスマ）」という状態が約

40年間にわたって続きました。これら一連のできごとは、教皇の影響力の低下を象徴していました。

1438年にはシャルル7世が、フランス教会に対する国王の優位性を主張する国事詔書《しょうしょ》を発布しています。そして1516年のボローニャ政教協約により、フランス国内ではローマ・カトリックのトップである教皇に対してまでフランス国王が優位に立つことが明らかになりました。このように、フランス国王の権力が教会に優先するという考え方を「国家教会主義（ガリカニスム）」と呼びます。

ローマ教皇に対して優位に立ったフランソワ1世は教会組織を利用して統治体制を整えます。1539年のヴィレール・コトレの王令では、公文書におけるフランス語の使用だけではなく、各教区の司祭が教区簿冊《きょうくぼさつ》に洗礼や死亡の記録をとどめ、住民を管理することを義務づけました。

そのころ、日本では？

室町幕府8代将軍の足利義政は、応仁《おうにん》・文明《ぶんめい》の乱（1467～1477年）を引き起こした当事者のひとりとして知られています。その一方で、武家、公家《くげ》、僧侶などの文化が合わさって成立した東山文化の立役者でもあります。銀閣と呼ばれている慈照寺《じしょうじ》は、義政が造営させたものです。

旧教と新教の対立

カトー・カンブレジ条約が結ばれた1559年、アンリ2世は不慮の事故で亡くなります。後を継いだ息子のフランソワ2世は在位17カ月で死去。1561年にフランソワ2世の弟であるシャルル9世が後を継ぎますが、わずか10歳のため母のカトリーヌ・ド・メディシスが摂政として支えました（102ページの図を参照）。

シャルル9世が即位した当時、王に仕える貴族たちは、「（ローマ・）カトリック」と「プロテスタント」に分かれ、対立していました。プロテスタントとは、16世紀初頭に現在のドイツ、当時の神聖ローマ帝国のザクセンに生まれた宗教家のマルティン・ルターら、ローマ・カトリック教会を批判する人々によって成立したキリスト教の宗派です。プロテスタントという名称は、この宗派のドイツ諸侯が、カトリックの守護者を自任した神聖ローマ皇帝の政治に対して「抗議（プロテスト）」したことに由来します。日本では、カトリックを「旧教」、プロテスタントを「新教」と呼ぶこともあります。

1517年、カトリック教会が大聖堂の再建を名目として免罪符（購入することで罪の償《つぐな》いが軽減されるという証明書）を販売していたことなどをルターは批判し、「95カ条の論題」を発表します。これが物議をかもし、1521年にルターは教皇から破門されます。対してルターは、聖書をドイツ語に翻訳《ほんやく》し、信者は聖書そのものに立ち返るべきだという考えのもとにルター派を興《おこ》しました。

1555年、アウクスブルクの宗教和議において、ルター派の信仰がザクセン選帝侯をはじめとする神聖ローマ帝国のルター派諸侯に認められます。その背景には、神聖ローマ皇帝が権勢の維持のために、ルター派の諸侯を無視できなかったことがありました。それほどまでに、プロテスタントの勢いが強かったのです。

ルターにやや遅れて、フランスにもジャン・カルヴァンという宗教家が登場します。カルヴァンはスイスのジュネーヴを中心に宗教改革を行い、フランスの人々にも大きな影響を与えました。カルヴァン派（改革派）の人々は、ローマ・カトリック教会側から「ユグノー」と呼ばれました。ユグノーは「同盟」を意味するドイツ語から生まれたなど語源は諸説あります。ユグノーもまたプロテスタントです。

シャルル9世が即位した時代は、フランス国内でもカルヴァン派を中心としたプロテスタントが数を増やし、カトリックとの間で緊張が高まっていたのです。

祝日に起こった惨劇

やがて、カトリックとプロテスタントの緊張状態が頂点に達します。1562年3月、カトリック勢力の代表であるギーズ公の一派が日曜礼拝に集まっていたユグノーを虐殺《ぎゃくさつ》。報復とばかりに、翌年にはギーズ公がユグノーに暗殺されました。この事件をきっかけに、フランスは「ユグノー戦争」と呼ばれる30年以上におよぶ内乱に突入します。

厄介《やっかい》なことに、カトリックとユグノーの対立は貴族間の権力争いとも複雑にからみ合っていました。この状況をシャルル9世の摂政だったカトリーヌ・ド・メディシスは危惧《きぐ》します。そして、ユグノー派のリーダーであるナバラ（ナヴァール）王のアンリと、シャルル9世の妹でカトリックだったマルグリットを結婚させ、両派の融和ムードを演出します。ナバラ王国は、フランスとスペインの間に10世紀から存在していた王国で、この時代はブルボン家のアンリが王であり、1589年にアンリがフランス王に即位したのちには、フランス王国に併合されます。

1572年8月22日、アンリとマルグリットの結婚式が行われた数日後、ユグノー派の中心人物である提督《ていとく》コリニーの暗殺未遂が起こり、ユグノーはシャルル9世に真相の究明を求めます。ところが2日後の24日、聖バルテルミの祝日に、カトリックによるユグノーの虐殺が発生（聖バルテルミの虐殺）。虐殺は地方にも広がり、一説に、数カ月のうちにパリで3000人、フランス全土で数万人ものユグノーが殺されました。

3人のアンリによる争い

ユグノー戦争の最中、1574年にシャルル9世が亡くなります。後を継いだのは、シャルル9世の弟であるアンリ3世です。国王となったカトリックのアンリ3世は、ブルボン家のアンリと結婚したマルグリットの兄でもあります。

聖バルテルミの虐殺以後、カトリックとユグノー間では緊張が高まる一方でした。しかもカトリック教国のスペインや、ルター派の勢力が強い神聖ローマ帝国の諸侯など、国外の勢力もフランスに入り込みつつありました。

このような状況において、アンリ3世はカトリックでありつつも、他国からフランスを守るため、ユグノーと向き合い共存すべきだという「ポリティーク派」の主張に傾きつつありました。そうした政策をとるうえで邪魔だったのが、カトリックの「強硬派」です。ユグノー戦争の端緒《たんしょ》を開いたギーズ公の後継ぎのアンリはその代表格でした。

ここにポリティーク派のフランス王であるアンリ3世と、カトリックの強硬派であるギーズ公アンリ、ユグノー派のナバラ王であるブルボン家のアンリという3人の〝アンリ〟による三《み》つ巴《どもえ》の構図が生まれます。同名の3人は、ユグノー戦争の終盤にあたる1585年から1589年にかけて、「トロワ・アンリの争い（三アンリの戦い）」といわれる争いをくり広げます。

1576年、アンリ3世は「ボーリュー王令」を発布し、パリ城壁内以外でのプロテスタントの公的礼拝を認め、ユグノーの安全を保障する8都市を指定しました。ユグノーに好意的なこの王令が気に入らない強硬派は、ギーズ公アンリを中心に、パリで「カ

三アンリの関係

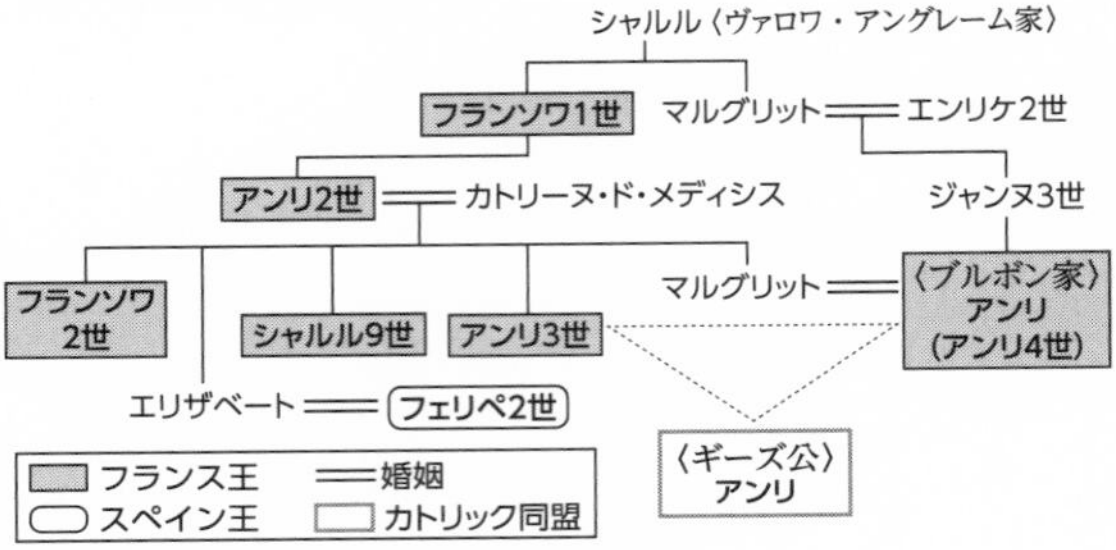

トリック同盟」を結成し、反ユグノー運動を展開します。

ギーズ公がパリ市民を味方につけるなど勢力を拡大することを危険視したアンリ3世は、1588年12月にギーズ公アンリを暗殺させます。すると、1589年8月に今度は熱狂的なカトリックの修道士がアンリ3世を暗殺しました。

アンリ3世には後継ぎがなく、約250年にわたって続いたヴァロワ朝は終わります。

アンリ3世を継いでフランス王に即位することになったのは、3人のアンリのうちで残った、ナバラ王であったブルボン家のアンリでした。フランソワ1世の姉であるマルグリットの孫にあたり、血筋でいうとヴァロワ家にもカペー家にも連なります。1589年8月、アンリはアンリ4世として即位しました。こうして「ブルボン朝」が始まります。

主権国家の確立へ

百年戦争とイタリア戦争を経て、フランス国内に国王領だけでなく、親王領や領邦君主領、イングランド領が併存する状況はほぼ解消されました。また、戦争が長期化・大規模化することで、軍事費を確保する必要が生まれ、徴税制度や政治機構も整備が進められていきました。

戦争を通じて領土を得たり失ったりする過程で国境が明確になっていき、国境線に囲まれた「領域国家」としてのフランスが形成されます。対外的に認められた国境線に囲まれた領域を持ち、その領域を代表する人物がいる国家は「主権国家」と呼ばれ、近代国家の原形となっていきます。

そんな中、フランスの法学者ジャン・ボダンが『国家論』を出版し、国家主権の絶対性を説き、その担い手は王のみであるという、「王権神授説」にもつながる考え方を提示しました。こうした理論を裏づけとして、ブルボン朝期のフランスでは中央集権化が追求され、のちのルイ14世に代表される「絶対王政」と呼ばれる時代を迎えるのです。

叩き上げの「近代外科学の父」

パレ

Ambroise Paré

（1510 〜 1590）

4代にわたるフランス王の外科医を務める

医学が発達していなかった時代、床屋外科といって刃物をあつかう床屋がしばしば外科医を兼ねていました。パレもそうした床屋外科のひとりでした。

1537年、イタリア戦争に従軍した際は、多くのけが人の治療にあたり、みずからが考案した軟膏《なんこう》を患部に塗るという治療で名声を高めます。また、血管の止血に関する新たな方法を広め、1582年には『大外科学全集』を発表するなど、「近代外科の父」と呼称されるのにふさわしい功績を積み上げていきます。

その腕が見込まれて、アンリ2世の時代から宮廷のお抱え外科医となり、シャルル9世の王室外科医長を務めるなど、4代のフランス王に仕えました。

「ノストラダムスの予言」で知られるノストラダムスことミシェル・ド・ノートルダムもまた、医師・占星術師として、同時期の宮廷へ出入りしていました。

chapter 5

ブルボン家の栄華

カトリックに改宗

カトリックとユグノー（プロテスタント）の間で長らく続いたユグノー戦争は、フランスの王位継承問題もからんで混迷を極めていました。そんな中、ヴァロワ朝のアンリ3世から王位を継承したブルボン家のナバラ王アンリが、アンリ4世として1589年に即位し、「ブルボン朝」が始まります。

ただし、王位継承法にのっとったアンリ4世が即位したからといって、混乱は収まりません。カトリック同盟はアンリ4世を王として認めないどころか、アンリ4世のおじを王に擁立《ようりつ》しますが、1590年に没してしまいます。それでも、アンリ4世を王と認めたくないカトリック同盟は、スペイン国王フェリペ2世の提案を受け、その王女をフランス王として迎えることまで三部会を開いて検討します。

カトリック側でも、問題が穏便に解決されることを願う穏健派は、アンリ4世にカトリックへ改宗してもらいたいと考えていました。アンリ4世も、自身がプロテスタントであるかぎり混乱は収められないと、カトリックへの改宗を決断。1593年に改宗します。すると、それまでアンリ4世を王として認めなかった貴族が次々とアンリ4世に従うようになり、カトリック同盟の勢力は弱まっていきました。

対外戦争で一致団結

解体されつつあったカトリック同盟ですが、完全になくなったわけではありません。しかも、カトリック勢力の盟主を自負するフェリペ2世が、フランスのカトリック勢力に軍事力や資金を提供し、プロテスタント勢力と争うよう仕向けていました。

この事態を重く見たアンリ4世は、1595年、スペインに宣戦布告します。このときアンリ4世には、国内のカトリックの貴族がスペインと通じている裏切り者とされないように、自分の味方になるはずだ、という目論見がありました。さらに宣戦布告は、国内のプロテスタントに対して、自身がカトリックに改宗しても自分はフランスの国王であり、スペインの言いなりになるわけではない、という強い姿勢を見せることにもなりました。こうして、フランス国内はアンリ4世のもとで一致団結します。

1595年には、カトリック同盟の最高指導者であったマイエンヌ公が、アンリ4世と和解します。その後、カトリック同盟との争いはアンリ4世の有利に展開し、1598年には最後まで抵抗していた貴族も帰順し、カトリック同盟は崩壊しました。ここに、アンリ4世は名実ともにフランス国王になったといえます。

アンリ4世はスペインとの戦争と並行して、国内のプロテスタントへの対応も模索します。自身がカトリックに改宗したことで、プロテスタントの「われわれは見捨てられるのではないか……」という不安を取り除き、安心させる必要があると考えたのです。

そこでアンリ4世は、1598年4月に「ナント王令」を発布します。集団にならない、拠点を設けないといった制限つきではあるものの、プロテスタントにも信仰と礼拝の自由、公職へ就くことなどを認める内容でした。カトリック勢力は王令に難色を示しましたが、アンリ4世は「カ

そのころ、日本では？

日本を統一して戦乱を終わらせた豊臣秀吉が、1598年にこの世を去りました。秀吉亡きあと、勢力を増した徳川家康と、そんな家康を危険視する石田三成らが対立するようになります。そして、わずか2年後の1600年、天下分け目となる関ヶ原の戦いへと展開するのです。

トリックとユグノーで区別するのではなく、みなでよきフランス人たらんと努力すべき」と諭《さと》して、認めさせたといわれています。

大きな宗教対立を乗り越えたフランスには勝てないと見たスペインは、フランスとの戦争から手を引きます。１５９８年5月に条約が結ばれ、スペインとフランスの戦争は終結。同時に、30年以上続いたユグノー戦争は事実上の終わりを迎えました。

国力の回復に努める

戦乱がようやく収まったものの、フランスの国力は衰えており、国家の再建が急務でした。アンリ4世がまず行ったのは、各地方で雇用されていた兵士を国軍として取り込むことでした。反乱の芽となる各地の不穏な動きを封じるとともに、国王の軍事力を強化することにもなりました。

次に経済の立て直しです。アンリ4世は国王顧問会議を召集し、疲弊《ひへい》した農村を回復させるべく手を打ちます。国内経済の立て直しには、農業の回復が肝要《かんよう》と考えたからです。具体的には、農民から借金を取り立てるために家畜や農機具などを差し押さえる行為を禁じます。さらに直接税である戸別税（タイユ）の減税によって農民の負担を軽くしました。幸い17世紀初めの10年は飢餓もなく、農業はかなり復活しました。その一方で、塩の購入にかかる間接税の塩税（ガベル）を引き上げます。塩は、身分が高い人ほど多く使う傾向があるため、貴族や聖職者などタイユが課せられない特権階級から税を取り立てる手段としたのです。

徴税も厳格化します。集めた税金を私物化していた地方役人を解任し、徴税が正しく行われているか監視するなど、地方役人の特権を剝奪《はくだつ》しました。

また、「売官制」の立て直しも実施させます。貴族の間で慣習となっていた官職の売買を国が制度化し、官職を売り出すことで新たな財源とする仕組みです。この結果、官職を購入する富裕な市民階級（ブルジョワジー）が現れます。彼らのうち、高位の官職に就いて新たに貴族とされた人々は「法服《ほうふく》貴族」と呼ばれ、フランスの政治に大きくかかわっていくようになります。

パリの町の整備も行われました。市内を流れるセーヌ川に浮かぶシテ島に石造りの新しい橋をかけ、「ポンヌフ」と名づけたのもその1つです。フランス語で「ポン」が橋、

「ヌフ」が新しいという意味で、日本語でいえば「新橋」ですが、現在セーヌ川にかかる橋では最古の橋になっています。

ほかにも、ルーヴル宮殿を改築したり、王太子ルイの誕生を記念して造営した広場を「ロワイヤル広場（王の広場）」（現在のヴォージュ広場）と名づけます。新しい建造物は、王の権力をアピールするためでもありました。

国内が安定すると、アンリ4世は海外進出を積極化させます。地理学者で探検家でもあったシャンプランに北米大陸を探検させ、1608年には北米大陸の北東部にケベック植民地が建設されます。またそれに先だって、アジアへの進出をにらみ、1604年にはフランス東インド会社を設立しています。しかし、この特許会社はすぐに休眠状態となり、再建されて実際に活動を始めるのは60年以上経ってからでした。

良王の亡きあとの混乱

フランスを立て直すべくさまざまな施策を行ったアンリ4世は、庶民を中心に「良王」とあだ名されるほど絶大な人気を誇っていました。しかし、1610年5月14日、アンリ4世が移動のため馬車に乗ったところ、カトリック教徒に短刀で胸を刺され、やがて息を引き取ります。

急死したアンリ4世の後を継いだのは、アンリ4世と王妃のマリー・ド・メディシスとの間に生まれたルイ13世でした。このとき、ルイ13世はわずか9歳。政治を行うことができないため、母のマリー・ド・メディシスが摂政となってルイ13世を補佐します。

摂政となったマリー・ド・メディシスは、宰相だったシュリーを解任し、代わりに、古くから自分につき従ってきた家来のコンチーニを登用するなど、国政を思い通りに動かそうします。

そんな中、ルイ13世とスペイン王女のアンヌ・ドートリッシュとの政略結婚が計画されます。熱心なカトリックだったマリー・ド・メディシスは、カトリック教国であるスペインの王女をルイ13世の王妃に迎えることで、カトリック寄りの政策に舵《かじ》を切ろうと

したのです。

この結婚は、カトリックとプロテスタントが対立しないよう心を砕いたアンリ4世の方針をくつがえすことであり、プロテスタントの有力貴族が反発します。さらに、カトリックの貴族までもが、マリー・ド・メディシスとコンチーニが国政を握り、利益や権利を独占しているとして不満を募《つの》らせます。

有力貴族の不満を押さえるべく、マリー・ド・メディシスは三部会を招集することを約束します。1614年に三部会は開かれますが、古くからの「帯剣《たいけん》貴族（武家貴族）」と、新興の「法服貴族」との対立があらわになっただけでした。そんな三部会で堂々たる演説を行い、マリー・ド・メディシスの目にとまった人物がいます。司教のリシュリューです。その後、リシュリューは取り立てられ、国政に携わるようになります。

母と息子が争う

ルイ13世は成年を迎えましたが、マリー・ド・メディシスが権力を手放さなかったことから両者の間に溝《みぞ》が生じます。1617年、ルイ13世は腹心らと共謀し、コンチーニ一派を粛清《しゅくせい》。次いで、マリー・ド・メディシスとリシュリューを宮廷から追放しました。

実権を握ったルイ13世はお気に入りの貴族であるリュイーヌ公を実質的な宰相として登用します。ところが、リュイーヌ公は国政には向いていない人物だったうえ、行政能力を欠いていました。しだいに宮廷の内外に不満の声が満ち、有力貴族が蜂起。反乱軍にマリー・ド・メディシスも合流します。衝突を恐れたリュイーヌ公は、ルイ13世とマリー・ド・メディシスの仲介役としてリシュリューを送り込み、両者は和解しました。

しかし、国政への復帰を認められなかったマリー・ド・メディシスは不満を抱く貴族とともに再び武装蜂起します。このとき、国王軍と反乱軍との間で戦闘が行われましたが、ここでも調停に入ったリシュリューの活躍によって双方が矛《ほこ》を収めました。

その後、王家のスペイン寄りの政策や、ユグノーへの規制強化などに反発して、1621年にプロテスタントが蜂起しますが、その戦いの最中、リュイーヌ公が病死します。側近を失ったルイ13世はマリー・ド・メディシスと和解し、枢機卿となっていたリシュリューを国務会議のメンバーに入れます。1624年のことでした。

ルイ13世の治世において、宰相リシュリューの果たした役割はとても大きいものでした。国内の改革を推し進め、王権の強化を目指したのです。そのためなら、宗派の違いは二の次でした。たとえば、国内のプロテスタントの本拠地を制圧したかと思えば、戦争中のスウェーデン王国、デンマーク王国、神聖ローマ帝国内のプロテスタント勢力に資金を提供し、ハプスブルク家の打倒を画策しています。

リシュリューのこの方針で膨大な戦費がかかり、増税がくり返されます。それでも不足したことから、より確実に徴税するため、国王の直轄官僚であるアンタンダン（地方長官）を各地方へ派遣します。さらにアンタンダンの権限を拡充し、徴税だけでなく、司法、治安維持、軍の監視なども担わせたことから、もとからいた地方総督の官職を持つ貴族との間で権力の二重構造が生まれました。

アンタンダンを通じて王の権力が自分たちの領地におよび、特権が侵害されることになった貴族は不満を募らせていきます。というのも、フランスの貴族は「領地は

自分たちのものだ」という意識（家産意識）がとても強かったからです。この家産意識の強さが要因となって中央集権を進める国王側とぶつかり、のちに反乱へと発展します。

王家が何よりも大事

リシュリューがフランス国内で強権をふるっていたころ、神聖ローマ帝国内では、カトリックとプロテスタントの領邦君主間で宗教戦争が行われていました。三十年戦争（1618～1648）と呼ばれるこの戦いは、神聖ローマ帝国内にとどまらず、スペインやスウェーデンなど周辺国が入り乱れる国際戦争に発展します。

国内においてはカトリック的性格を強く押し出していたフランスは、三十年戦争においては、同じカトリックである神聖ローマ皇帝軍を支援するのではなく、プロテスタント側で戦争に介入していたスウェーデンに資金提供を行ったのは前述したとおりです。あわよくば、ハプスブルク家が支配するスペイン領ネーデルラントや北イタリアへの進出をねらっていたからです。1635年にはスウェーデンらとともにフランスは、カトリック教国のスペインに宣戦布告。フランス・スペイン戦争が始まります。

カトリック教国となぜ戦うことにしたかというと、ブルボン家の君主が治めるフランスが、ハプスブルク家に連なる君主が治める神聖ローマ帝国とスペインという二大国に挟まれていたからです。つまり、ハプスブルク家の脅威をいかに取り除くかがフランスの重要な課題だったといえます。従来のように、宗教によって国をまとめることは困難と見抜いたリシュリューは、国の外交政策を決める際の判断基準として宗教を重視しませんでした。

ブルボン家の家系①

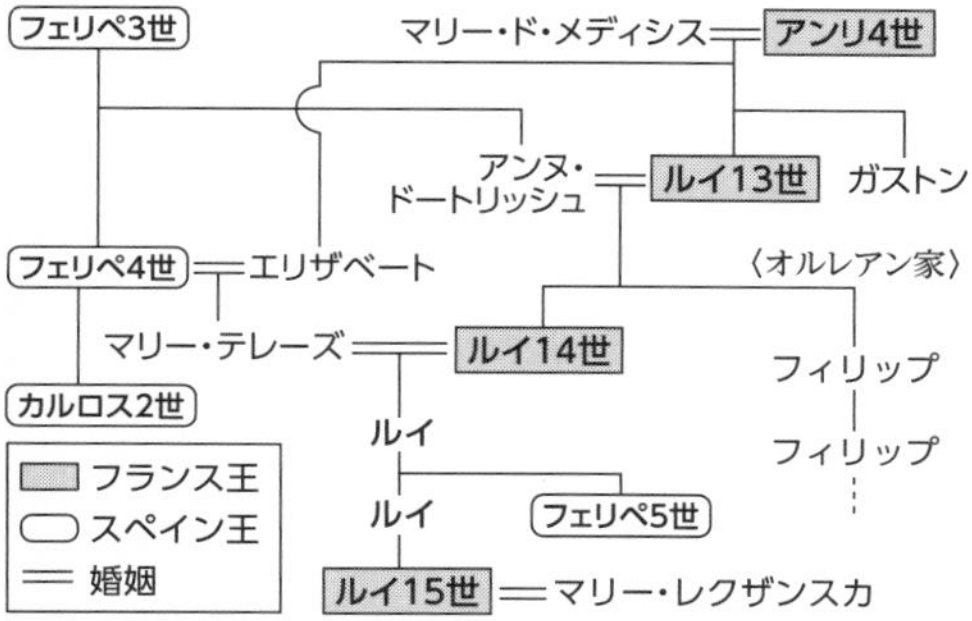

　こういった、国家の存続や利益が、宗教や道徳、倫理規範などより優先されるという考え方を「国家理性（レゾン・デタ）」といいます。

　絶対王政には権力を引き継ぐ存在、すなわち後継者がとても重要です。ところが、スペイン王家から14歳で嫁《とつ》いで王妃となったアンヌ・ドートリッシュとルイ13世の夫婦仲は冷え切っていて、両者の間に長らく子どもが生まれませんでした。このまま子どもが生まれなければ、ルイ13世の弟であるオルレアン公ガストンに王位が移ることになります。

リシュリューは、たびたび政府や自分に刃向かうガストンを評価しておらず、ルイ13世にアンヌとの和解をうながすなど手を尽くしていました。1638年、20年以上にわたって子どもに恵まれなかったふたりの間に、待望の第一子が生まれます。この子どもこそ、のちのルイ14世です。

後継者問題は王だけの問題ではありませんでした。病に冒《おか》されたリシュリューは自身の老い先がそう長くないとわかっていました。そこで、教皇の特使としてイタリアからやってきて、フランスに帰化したマザランを自分の後継者として重用します。

リシュリューは1642年に息を引き取ります。リシュリューの死去から数カ月後、後を追うようにルイ13世も亡くなります。

反乱によって王権が強化

ルイ13世の後を継いだのは、わずか4歳のルイ14世でした。摂政には母のアンヌ、宰相にはマザラン、王国総代理官にはガストンがそれぞれ就きました。

マザランはルイ13世の治世から続いていた神聖ローマ帝国およびスペイン、すなわちハプスブルク家との戦争（三十年戦争）を継続します。

このころのフランスは長引く戦争などにより財政難が深刻化し、たびかさなる増税でしのいでいました。にもかかわらず、マザランがさらなる増税を王令で発布しようとします。これに対して、法令を承認する権限を持つ高等法院は、これ以上、農民への負担を増やせないとして拒否しました。そっちがその気ならと、マザランは官職保有者の俸《ほう》給《きゅう》（給与）を4年間停止すると発表します。当然、高等法院をはじめとする中央政庁に属する官職保有者（法服貴族など）らは反発し、反対に国王の直轄官僚であるアンタンダンの廃止と減税を求めます。

1648年、事態を解決しようと、マザランが官職保有者の中心人物であるブルーセルを逮捕するという強硬策に打って出ます。すると、増税に反対していたパリ市民が蜂起。市内に荷車や樽《たる》、敷石などを積み上げ、戦闘態勢を取るなど、情勢は緊迫しました。ちなみに、フランス語で大樽《おおだる》のことをバリック（barrique）といいますが、バリケード（barricade）の語源はこの大樽が使われたことに由来しています。

ちょうどこの反乱が起こった1648年にウェストファリア条約が結ばれ、三十年戦争が終結します。神聖ローマ帝国はたくさんの領邦国家に分裂して力を失った一方、フランスはアルザス地方の大半を手に入れ、国境線を東側に大きく広げます。ただし、東方の憂《うれ》いがなくなったとはいえ、南西方にはスペインがフランスの脅威として存在していました。

このウェストファリア条約が結ばれると、反乱の舞台となったパリからルイ14世をはじめとした要人が郊外へと避難し、戦地からもどってきた兵員にパリを包囲させます。補給路を断たれた反乱側は3カ月ほどで政府側に屈しました。1648年から1649年までのこの反乱は「高等法院のフロンド」と呼ばれます。とはいえ、これで貴族や市民の政府への怒りが収まったわけではありません。

反乱の鎮圧から1年後の1650年、マザランと対立したコンデ公がとらえられ、監禁されます。コンデ公はブルボン家の傍系に連なる親王家の貴族で、先の反乱でパリの包囲を指揮した人物です。

これを知ったコンデ公の姉らが各地の貴族に蜂起をうながすと、貴族をはじめ、高等法院の官吏やパリ市民まで呼応し、全国で反乱が起こります。さらに、三十年戦争で戦功のあったテュレンヌも反乱側についたほか、ガストンが国務会議への出席を拒否して反マザランを宣言しました。追いつめられた政府はコンデ公を解放。その後、マザランは2回、他国へ出て態勢を立て直さざるをえなくなりました。

結局、反乱勢力の貴族と市民の目的や要望がバラバラだったため、政権をくつがえすほどの反乱には発展せず、加えてテュレンヌが政府側に寝返ったことで反乱は収束。1652年にはルイ14世ら要人が、翌年にはマザランがパリに帰還して間もなく、「貴族のフロンド」と呼ばれる反乱は終わりました。高等法院のフロンドと、貴族のフロンドとを合わせて「フロンドの乱」と呼ばれます。

のちにルイ14世がパリを離れ、郊外のヴェルサイユに宮

そのころ、日本では?

江戸時代初期、幕府は権力を強固にするため、多くの大名家を取りつぶした結果、たくさんの武士が牢人《ろうにん》となりました。1651年、その牢人を率いて軍学者の由井（由比）正雪らが江戸で蜂起を計画します（慶安の変）。乱はすぐ鎮圧され、以後、幕府は武断政治を見直します。

殿（ヴェルサイユ宮殿）を築いたのは、フロンドの乱の際に、民衆がルイ14世の部屋まで入ってきたことがトラウマになったとも考えられています。

同じころ、イングランド王国（イギリス）では清教徒（ピューリタン）革命が起こって王政が倒れ、一時的に共和国が成立し、政治体制は混乱していました。一方のフランスはフロンドの乱を経て、かえって王権が強化され、ルイ14世のもとで中央集権体制が追求されていくのです。

親政を開始する

三十年戦争の最中の1635年に開戦し、三十年戦争の終結後も続いていたフランス・スペイン戦争は、1659年にピレネー条約が結ばれ、フランスの勝利に終わりました。フランスはこの条約で、スペインからフランス北部のアルトワと南部のルションを獲得し、ピレネー山脈の峰《みね》に沿って引いた国境線を確定させます。

さらに条約を結ぶ条件として、スペイン王女のマリー・テレーズを、ルイ14世の妃に迎えることになりました。これはマザランが画策した政略結婚でした。というのも、このころスペイン国王には王位を継ぐ男子がいないうえに、女性の王位継承が認められており、もしマリー・テレーズが王位を継承することになれば、スペインをフランスに併合してしまおうとの思惑《おもわく》があったからです。しかし、併合されることを危ぶんだスペインは、マリー・テレーズの王位継承権を放棄させることを結婚の条件としたため、フランスはその条件をのむ代わりに、スペインに持参金を支払わせることを約束させました。

ルイ14世とマリー・テレーズが結婚した翌年、1661年にマザランは死去します。22歳の青年となっていたルイ14世は宰相職を廃止し、財務卿のフーケ、陸軍卿のル・テリエ、外交官（のちの外務卿）のリオンヌを呼び、国務会議を改組して、みずからはその最高国務会議の主宰となりました。最高国務会議に召集された3人はいずれも法服貴族です。ルイ14世は親族や大貴族などは政治的判断のさまたげになると考え、最高国務会議のメンバーからは外しました。こうして行政権、外交権、統帥権《とうすい》を握ったルイ14世による親政が始まります。

ルイ14世による親政は、国家の主権を持つ国王に権力が集中する政治体制「絶対王政」としてよく知られています。王が派遣した地方長官（アンタンダン）による統制と支配が進んだことが、絶対王政と呼ばれる要因の1つです。ところが、地方総督（諸侯）は同時に存在したままで支配の二重構造は続いていました。ルイ14世といえども、従来の支配構造を簡単には変えられなかったのです。さらには、各地で徴収する税率も諸侯の合意を得てから決めていました。つまり、絶対主義という表現からイメージされているほど、ルイ14世には絶対的な権力はなかったといえます。

ルイ14世が強権的な政治を行う根拠とした1つに「王権神授説」があります。国王の権限は神から与えられた神聖なものであり、誰も国王にはあらがえない、という絶対王政期の国王がみずからの正統性を主張する際に利用した政治理念です。

なお、ルイ14世が発言した言葉として「朕《ちん》（私）は国家なり」がよく知られていますが、実際に発言したかはわかっていません。ただ、ルイ14世の政治姿勢をうまく表した言葉といえるでしょう。

大陸で最強の軍事力

当時のフランス軍は戦争が起こったときだけ召集され、貴族が召集に応じて兵員を集めて駆けつけるという仕組みでした。これでは指揮系統がはっきりしないばかりか、フロンドの乱のように貴族が自分たちのために軍隊を動かすおそれもありました。そこで、ル・テリエ親子の主導のもとで軍制改革が進められます。

まず指揮系統を確立するため、国王が直接任命する士官の数を増やします。さらに「民兵制」を導入します。これは、各教区（村落）に割り当てられた人数分の民兵を召集し、兵隊として動員する制度です。のちの徴兵制の先駆けともいえます。

15世紀末でフランス国王が動員できる兵力は4万〜4万5000程度でしたが、軍制改革後に動員できる兵力は40万、18世紀初頭には一説に60万にも達したといわれています。そのため、ヨーロッパ大陸においてフランス軍は最強とうたわれていました。ただし、国王が動員する兵士の中には傭兵が多く含まれていたことから、軍事費は莫大になっていき、財政を圧迫していきます。

一説では、ルイ14世は強大な軍事力と「自然国境説」をもとに、さまざまな国に戦争をしかけたといわれます。自然国境説とは、山や川といった自然の地形を国境に位置づける、という考え方です。南はピレネー山脈、北はドーバー海峡、南東はアルプス山脈、

ルイ14世の治世における戦争

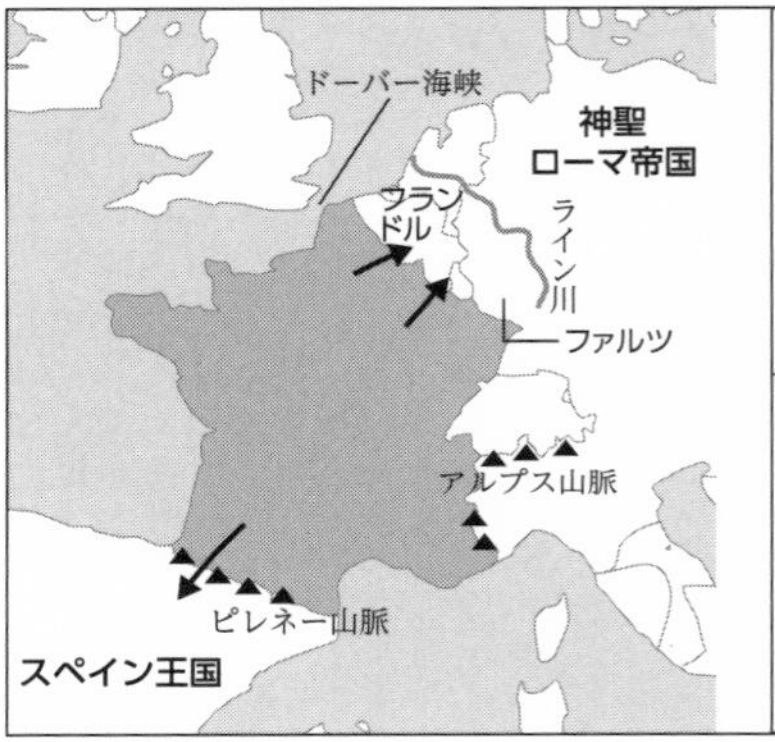

1667~1668	南ネーデルラント継承戦争
1672~1678	オランダ戦争
1688~1697	アウクスブルク同盟戦争
1701~1713	スペイン継承戦争

そして北東はライン川までが、フランスの領土となるべき土地であるというのです。

1665年にスペイン国王のフェリペ4世が死去すると、ルイ14世は妻である王妃のマリー・テレーズがフェリペ4世の娘であることから、当時スペイン領だった南ネーデルラントの相続・領有を主張。1667年、ネーデルラント連邦共和国（オランダ）と戦争（南ネーデルラント継承戦争、またはフランドル戦争）になりました。

戦争の結果、わずかな領土しか得られなかったルイ14世は、1672年に今度はオランダとの間で戦争（仏蘭戦争、またはオランダ戦争）を始めます。しかし、この戦争でもオランダの領土を確保するには至りませんでした。

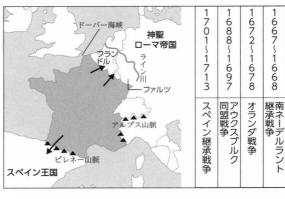

重商主義への挑戦

いざ親政を始めたものの、国家財政に対して強い権限を持ち、増長するフーケを、ルイ14世はうとましく思うようになります。そんなルイ14世の思いにフーケの部下のコルベールがつけ入り、フーケの不正の証拠を提出したことからフーケはとらえられます。失脚したフーケに代わって財務総監（財務大臣に相当）という地位についたコルベールが、国家財政の立て直しに取り組みます。国内の産業を保護、育成するために輸入品に高い関税をかけ、外国製品を国内市場から締め出します。そのうえで国営工場を設置して毛織物や絹織物、レースや絨毯《じゅうたん》、ガラス製品を大量生産し、国外に輸出しました。

海外植民地の経営にも目をつけ、北米大陸のミシシッピ川流域を開発させます。この植民地はルイ14世の名をとり「ルイジアナ」と名づけられたといわれています。インド亜大陸やアフリカ大陸などにも進出します。

このような商業重視の政策を重商主義と呼び、コルベールが推し進めたので、「コルベルティスム（コルベール主義）」ともいいます。

後世に伝わる宮廷文化

コルベールは文化に理解を示した人物でもありました。洗練されたフランス語を国語として確立する目的でリシュリューが設立した学術機関「アカデミー・フランセーズ」を支援しています。アカデミー・フランセーズは現在に至るまで、フランス語辞典の編《へん》纂《さん》を使命にしていて、1694年には最初の辞典がルイ14世に献上されました。

1666年にはコルベールの助言で王立の科学アカデミーが創設され、1648年に創設されていた芸術（絵画・彫刻）アカデミーは、コルベールのもとで1663年に改革され、1669年には音楽アカデミーも設立されました。これらに代表される学問や芸術の国立機関は、現在でも学術団体として存続しています。

ルイ14世自身も芸術に造詣《ぞうけい》が深く「太陽王」と呼ばれるようになったきっかけは、バレエで太陽神アポロンをみずから演じたからだといわれています。

そんなルイ14世がつくらせた最大の建造物が、ヴェルサイユ宮殿です。もともとパリ郊外のヴェルサイユには狩りのための小さな城館しかなく、森と沼沢《しょうたく》が広がっていました。そこで、大規模な土木工事を実施して生活のための水を遠方から引き、宮殿と庭園の工事には一流の建築家や芸術家が総動員され、壮麗な建物が完成しました。１６６１年に造営を開始し、１６８２年にこの地に宮廷を移しています。

宮殿では王が寝食したわけですが、王が気に入った貴族には特別に宮殿内に部屋が与えられ、散歩に同行したり、食事に同席することが許されました。また、食事や王との引見などに、厳格な礼儀作法が決められ、貴族にも守るよう要求されました。このような宮廷文化が、のちのフランス料理や食事のマナーとして現代にもつながっています。

ヴェルサイユ宮殿の周辺には、王に気に入られて特権を得ようと貴族らが集まり、町が形成されました。ルイ14世は貴族同士を競わせ、功名心や出世欲をコントロールし、飼いならすことによって、貴族の反乱を予防していたともいわれています。

ルイ14世が文化政策に力を入れた背景には、自身の偉大さ（威光）を民衆に伝え、国王のイメージを高めるという宣伝（プロパガンダ）の意味合いもありました。たとえば肖像画を描かせたり、王を称《たた》えるメダルをつくらせるなどしています。

パリの整備も重要なプロパガンダの一環だったといえます。ルイ14世が王に即位したころのパリは、中世の都市の様相を残した古い町並みでした。そこで街路灯の設置や道路の拡幅《かくふく》、街路樹の植樹などを行います。さらに、パリが軍事的に攻められることはなくなったと判断し、セーヌ川右岸（北側）にあった城壁を撤去して跡地に幅37メートルの大通りを敷設しました。城門があった場所には、戦争の勝利を記念して凱旋門《がいせん》が築かれました。今も見られるサン・ドニ門とサン・マルタン門です。

ほかにも、つくらせた征服広場（現在のヴァンドーム広場）に、ルイ14世の巨大な騎馬像が設置されました。

ブルボン朝の斜陽

周辺国と何度も戦争できるほど、ルイ14世の治世時におけるフランスの財政が豊かだったかというと、そうではありません。巨額の軍事費に加え、ヴェルサイユ宮殿の造営や華美な宮廷生活での出費のほとんどは、国内の金融業者から借りていました。つまりは借金です。そのような状況に追い討ちをかける悪手をルイ14世は打ちます。１６８５年、信仰の自由をある程度認めていたナントの王令をルイ14世は廃止し、王国内でのプロテスタントの信仰を禁じる「フォンテーヌブロー王令」を発布したのです。

この王令を発布した背景には、国家をまとめるうえでカトリックだけに統一したほうが都合よい、という考えもあったでしょう。それ以上に、経済的に豊かなオランダとイングランドに対抗するための強い姿勢を示すという面を、指摘できるかもしれません。実際、プロテスタント教国のイングランドがオランダに接近、両者は協力関係を結びます。いわゆる、イギリス史における名誉革命に向かう動きです。すなわち、これに対抗するには、フランスはカトリック教国であることを内外に強く示す必要があり、フォンテーヌブロー王令の発布に踏み切ったというわけです。

しかし結果として、フランスから大量のユグノー（プロテスタント）が、イングランド、オランダといったプロテスタント教国やプロテスタントに寛容《かんよう》な国へと逃れます。その数は20万人ともいわれています。勤勉に働いて儲《もう》けることを肯定《こうてい》するプロテスタントには商工業者が多く、労働力だけでなく、技術や資産も国外へ流出。フランス経済は大きなダメージを受けることになりました。しかも新たな戦争が立て続けに起こります。

コルベールが1683年に亡くなったあと、ルイ14世は、かつて陸軍卿であったル・

テリエの後を継いでいた息子のフランソワを起用して、他国へ戦争をしかけます。

１６８５年、神聖ローマ帝国内のプファルツ選帝侯領を治めるカール2世が後継ぎのないまま死去すると、ルイ14世は自身の弟がカール2世の妹と結婚していたことを理由に、継承権を主張します。しかし、フランスの勢力拡大を警戒した周辺国のイングランド、神聖ローマ帝国、ネーデルラント、スペイン、スウェーデンなどが同盟を結び、フランスに対抗したことで、１６８８年に戦争（アウクスブルク同盟戦争、またはファルツ継承戦争）へと発展します。

当初こそフランスが優勢でしたが、イングランドとの争い（ウィリアム王戦争）が北米でも展開されると、しだいに劣勢に追い込まれます。１６９７年に戦争は終結しましたが、戦争で占領した地を返還せざるを得なくなりました。

そのころ、日本では？

江戸幕府５代将軍の徳川綱吉の命令で1685年、初めてとされる「生《しょう》類《るい》憐《あわれ》みの令」が発布されます。“初めて”なのは、綱吉はその後、何度も同様の法令を発布しているからです。犬を保護するだけでなく、捨て子、魚類、鳥類など、生き物を大切にすることが法令の目的とされていました。

1700年、ハプスブルク家に連なるスペイン王のカルロス2世が後継ぎのないまま亡くなります。カルロス2世は遺言で、ルイ14世の孫にあたるアンジュー公フィリップを後継者に指名しました。フィリップの祖母にあたるマリー・テレーズ（マリア・テレサ）が、カルロス2世の異母姉だったためです。ただし王位継承に際して、フィリップがフランス王の王位継承権を放棄することが前提条件でした。

1701年、フィリップはフェリペ5世としてスペイン王に即位。ブルボン家出身のスペイン王が誕生します。すると、カルロス2世の生前に身内をスペイン王位に推していた神聖ローマ皇帝レオポルト1世がフランスと断交しました。そんな中、スペインが貿易でフランスに便宜《べんぎ》をはかったという理由で、オランダとイングランドが抗議します。しかもフェリペ5世がフランスの王位継承権を放棄していなかったことから、神聖ローマ帝国、オランダ、イングランドなどが同盟を結び、フランスと開戦します。これがスペイン継承戦争です。

この戦争は10年以上続き、北米大陸ではイングランドとの間で植民地間の戦争が勃発《ぼっぱつ》します。劣勢に立たされたフランスは、他国がフェリペ5世をスペイン王と認める代わりに、将来にわたってフランスとスペインの両ブルボン王家が合併しないことを約束するユトレヒト条約を１７１３年に結び、戦争は終結しました。

「外交革命」で対抗

１７１５年、ルイ14世が76歳で死去します。70年近くもの間、王として君臨してきたため、多くいた子どもや孫もすでに死去していました。そのため、ルイ14世の曾孫《そうそん》にあたるアンジュー公ルイがわずか5歳で即位し、ルイ15世となりました。幼いルイ15世に代わって、ルイ14世の甥《おい》にあたるオルレアン公フィリップが摂政に就きます。

そのオルレアン公が亡くなると、ルイ15世はみずからの養育係であったフルリーを登用し、政治を任せます。ルイ14世と異なり、ルイ15世は政治への関心が高くなかったのです。そのフルリーが死去すると政治に関わるようになったものの、愛人関係にあった侯爵夫人のポンパドゥールが政治に口出しするようになり、国政は乱れました。

外交政策では「外交革命」ともいわれる大きな方針転換を行います。当時のフランスはオーストリア継承戦争（１７４０～１７４８年）においてグレートブリテン王国（イギリス）と対立するだけでなく、インドや北米の植民地においても対立関係にありました。そこでフランスは、長年の宿敵であった神聖ローマ帝国の有力領邦のオーストリア大公国を治めるハプスブルク家と同盟関係を結びます。

その後に行われた七年戦争（１７５６～１７６３年）でも、フランスはイギリスに敗北。パリ条約によって、北米大陸やインド亜大陸などにあった植民地のほとんどをイギリスに手放します。このころのイギリスは名誉革命を経て国内の混乱が収まって、国力を整えつつあり、フランスにとってますます脅威となりつつありました。17世紀末から始まったイギリスとの争いは１８１５年までの長期におよぶことから、第二次百年戦争とも呼ばれることがあります。第一次百年戦争は、すでに述べた１３３９年から１４５３年にかけてのフランスとイングランド（イギリス）による争いです。

イギリスに敗北したフランスとオーストリアは連携をさらに強化するため、ルイ15世の孫にあたるルイ・オーギュストと、ハプスブルク家当主であるマリア・テレジアの十一女の縁談を進め、１７７０年に両者は結婚しました。のちのルイ16世と、その王妃のマリー・アントワネットです。

知れば知るほどおもしろいフランスの偉人❺

フランスが生んだ「近代哲学の父」

デカルト

René Descartes

（1596 ～ 1650）

疑うことで新たな真理へと到達できる

「我思う、ゆえに我あり」という言葉を一度は聞いたことがあるでしょう。これはあらゆる事象を疑った末、デカルトがたどり着いた答えです。「方法的懐疑《かいぎ》」といって、疑うことで真実を見つけるための手法です。

法服貴族の家庭に生まれたデカルトは、名門校に入ると哲学を学び、卒業したのちは大学で法学と医学を学びます。軍隊に入ったのち、本からは学び取れないことを探し求めて、ヨーロッパを10年近く放浪します。オランダに腰を落ち着けたのちは、20年にわたって執筆活動にいそしみました。著書『方法序説』や『省察《せいさつ》』はこのときに書かれたものです。

その後、スウェーデン女王の求めに応じて、スウェーデンに到着して４カ月後、風邪がもとで死去しました。

わたしたちが算数や数学の授業で習った「座標軸」を考え出したのも、数学者でもあったデカルトです。

chapter 6

革命を経て帝国へ

「ノン」と言わない国王

病気によってルイ15世が1774年に死去します。その子どもは先にこの世を去っていたため、次の王には王太子となっていたルイ・オーギュストが、ルイ16世として即位しました。

ルイ16世は、兄がふたりいたこともあり、祖父であるルイ15世の時代に本格的な帝王学を学ぶ機会がほとんどありませんでした。そのため、政治的判断をみずから行うことがあまりなく、周囲の言うことをすぐに認め、「ノン（否《いな》）」と言うことがなかったといいます。この態度が、のちのフランス革命を招いたともされています。

わたしたちのルイ16世への評価も、王政を崩壊させた当事者として低く、マンガ『ベルサイユのばら』などで描かれているように、温和で優柔不断、小太りな体型というイメージを持っているかもしれません。ただ、さまざまな研究によると、長身でスラッとした体型だった、読書家で何カ国語も話せて科学分野にも知見があったなど、イメージと違った一面を持っていたことがわかってきています。

ルイ16世が王位に就いたころ、フランスの財政は破綻《はたん》していました。ルイ16世と王妃のマリー・アントワネットが破綻の原因をつくった、というイメージを持っているかもしれませんが、この財政危機はルイ14世とルイ15世の時代に行われた戦争の費用が要因です。いわばルイ16世がしりぬぐいをしなければならなかったのです。

　ルイ16世は状況を打開すべく、啓蒙《けいもう》思想家であり経済学者でもあったチュルゴ（テュルゴー）を財務総監に就けました。チュルゴは「破産せず、増税せず、借款《しゃっかん》せず」と宣言し、財政改革を進めます。具体的には、従来の封建制の象徴である特権や古い組織の廃止、社会制度の自由化による経済の活性化などです。加えて、平民（第三身分）への課税はこれ以上無理だとして、無税に近い状態だった特権階級（第一身分の聖職者、第二身分の貴族）への課税を検討します。

ブルボン家の家系②

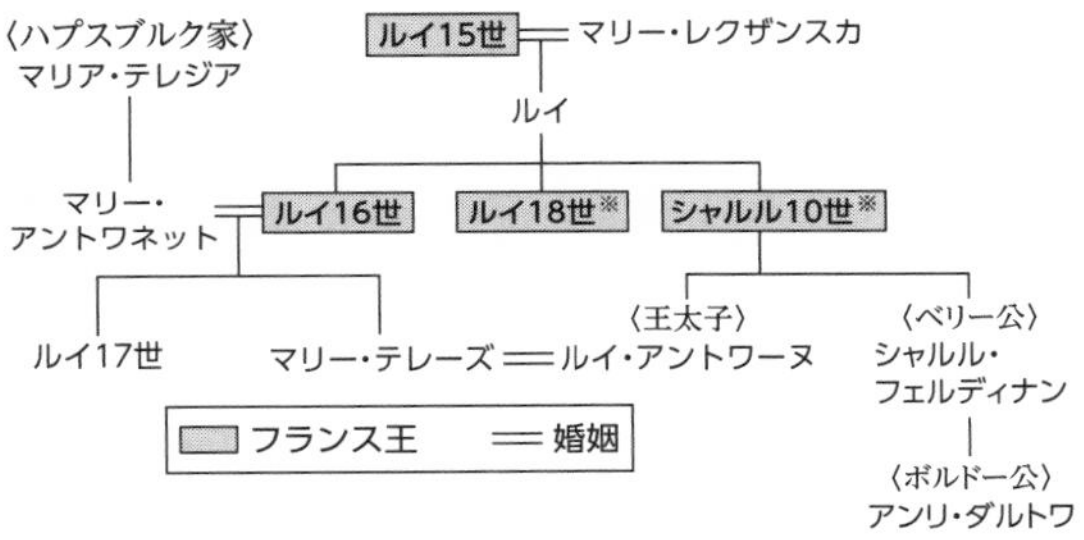

※がつく王は、フランス革命後の復古王政期の王。

ところが改革は、特権階級の貴族から猛烈な反発を受けます。さらに、折からの小麦の不作と、チュルゴが小麦の価格の自由化を宣言していたため、小麦の価格が高騰《こうとう》。民衆の暴動が発生します。政策が周囲から批判されたうえ、貴族の政治工作もあってチュルゴは失脚しました。

アメリカ独立戦争に介入

1776年、北米大陸におけるグレートブリテン王国（イギリス）の13植民地から、その代表ベンジャミン・フランクリンが、前年に始まった13植民地とイギリスとの戦い（アメリカ独立戦争）への支援を求めてきました。

イギリスをたたき、18世紀に失った植民地を取りもどす好機と考えたフランスは、13植民地側への巨額の支援を決めました。13植民地側に形勢が優位に傾いた1778年、フランスは独立戦争に軍隊を派遣し、13植民地側の勝利に貢献します。1783年にはパリ条約が結ばれ、13植民地（アメリカ）の独立がイギリスから正式に認められました。

1787年に制定されたアメリカ合衆国憲法では、『法の精神』を著したことで知られるフランスの啓蒙思想家モンテスキューが唱えた「三権分立」が、世界で初めて盛り込まれました。

久しぶりの三部会

アメリカ独立戦争による無理な支出がたたり、フランスの財政状況はのっぴきならない状況になりましたが、貴族は相変わらず、みずからの特権を守ることしか考えません。貴族は王妃マリー・アントワネットを通じてルイ16世に働きかけ、改革を行おうとする財務総監を次々にクビにします。

しかし、いくらクビにしても、新しい財務総監は特権階級に課税しようとします。そこで特権階級の議員たちは、三部会で認められれば課税を承認すると要求します。三部会は、第三身分の平民も含めた議会ではあるものの、議決の仕組みは身分単位で特権階級に有利になっており、三部会で改革案が認められることは〝ない〟と踏んでのことでした。そして１７８９年5月5日、１７４年ぶりに三部会が開かれました。

案の定、特権階級に有利な議決方式をとるのか否かでもめ、議会は空転。6月17日、しびれを切らした第三身分代表議員のアベ・シェイエスたち第三身分が独自の行動を取り、「国民議会」を設置すると宣言します。そこへ一部の第一身分（聖職者代表）が合流することがわかると、第二身分の貴族たちはあわてて、国民議会が議場として使っていた公会堂の閉鎖をルイ16世に進言します。6月20日、ルイ16世はこれを受け入れて封鎖しますが、国民議会側はそれならと隣の屋内球戯場《きゅうぎじょう》に集まり、憲法が制定されるまで議会を解散しないことを誓いました。これが「球戯場の誓い」です。

その後、第一身分と第二身分からも国民議会に合流する人々が増えたことから、国王も国民議会を認めざるを得ず、国民議会への合流をうながしました。

7月9日に国民議会は正式名称を「憲法制定国民議会（国民議会）」と改名し、三部会は解消します。

バスティーユ要塞襲撃

国民議会の成立にあせった一部の保守派の貴族たちは、パリに軍を集結させるようルイ16世に進言。ルイ16世はまたも受け入れてパリに軍を集めます。

国民議会側は王に認められたと思ったのもつかの間、パリに軍が集結しているのを知り混乱します。事態を重く見た財務長官のネッケルはルイ16世に軍の撤退を要求しますが、状況が悪化したのはネッケルのせいだと貴族につめ寄られたルイ16世は、ネッケルを解任してしまいます。

第三身分出身で、特権階級への課税や国王一家への倹約を提案するなどして民衆に人気のあったネッケルの解任が伝わると、市民は憤《いきどお》ります。さらに軍の集結を知ったパリ市民は軍の襲撃に備えて武装しようと、市内の武器商店を略奪します。1789年7月12日には、市民のたまり場となっていたパレ・ロワイヤルに集まった群衆に対し、デムーランという男がアジテーション（演説などで民衆を扇動《せんどう》すること）を行いました。これにパリ市民は「武器を取れ！」と呼応。武器があると見なされた廃兵院（アンヴァリッドという傷病兵を収容する施設）に向かいます。

7月14日、廃兵院を襲撃して小銃や大砲などの武器を調達した市民は、弾薬がないことに気づき、弾薬が備蓄してあるバスティーユへ向かいます。当時のバスティーユは牢《ろう》獄《ごく》としても使用されていましたが、本来は要塞《ようさい》でした。フランス語でバスティーユは「要塞」という意味ですが、バスティーユが固有名詞化し、バスティーユは圧政のシンボルとされるようになっていきました。

なお、バスティーユ要塞を市民が攻略した7月14日は、現在ではフランス共和国で最重要な国民の祝日（日本でいう「パリ祭」）になっています。

バスティーユ要塞を陥落《かんらく》させた市民は、次にパリ市庁舎へと向かい市長を殺害します。新市長には国民議会の議長だったバイイを、パリで組織された自衛を目的とした民兵

軍（国民衛兵）の司令官にはラファイエットが選ばれるなど、市民が市政を握りました。襲撃を知ったルイ16世は、側近の助言によりパリに集結させていた軍を撤退させ、ネッケルを復職させました。そのうえで、ヴェルサイユ宮殿を出てパリを訪問します。7月17日にパリへ到着すると、バイイが市門まで出迎え、ルイ16世を称《たた》える市民が押し寄せ、歓迎されます。市庁舎に入ったルイ16世はバイイの市長への就任、ラファイエットの司令官への就任、民兵軍を国民衛兵とすることなどを承認します。

市民が市政を握り、ルイ16世のパリ訪問を歓迎していたことからもわかるように、この時点で市民は、王政を打倒しようとは考えていませんでした。

民主主義の原点

バスティーユ要塞の陥落がフランス全土に伝わると、有力貴族は国外へ亡命します。地方の農民たちは、今まで自分たちを押さえつけてきた貴族を市民が打ち負かしたうれしさと、貴族に仕返しされるかもしれないという不安が交錯《こうさく》します。やがてそれは、やられる前にこちらから押しかけて、貴族の土地支配の証文をとりあげようという考え方に変わり、農民が武器を取って貴族の館などを襲う暴動へと発展します。

この状況にあわてた国民議会は、農民の暴動を鎮《しず》めるための政策をくり出します。それが、封建的土地支配や教会への税の廃止などを盛り込んだ「封建的特権の廃止宣言」です。宣言には20～25年分の年貢をまとめて前払いすれば土地所有権が得られるともありましたが、支払えるほど富裕な農民はまれで、一般農民にはきびしい内容でした。なぜ、このような内容になったかというと、第三身分からの支持で成立した国民議会ではあったものの、その指導部はブルジョワジーや特権階級で占められていたからです。

1789年8月26日、続いて国民議会は「人権宣言（人間および市民の権利の宣言）」を採択します。第1条「人間は生まれながらにして、自由かつ平等な権利を持つ」で始まり、主権が国民（国民主権）にあること、権力の分立（三権分立）や私的所有権の確立といった内容が盛り込まれた17の条文からなり、封建制度を支える王権神授説を明確に否定しています。

この人権宣言（フランス人権宣言）は、ルソーをはじめとする啓蒙思想家の思想や、その思想をひと足早く形にしていたイギリスの立憲王政やアメリカ独立宣言などを参考に、当時の啓蒙的な人々が集まってつくられたと考えられます。ただし、フランス人権宣言はあくまで実現すべき原則であり、どのようにして宣言の内容を国のあり方に反映していくかは決まっていませんでした。

フランス人権宣言でうたわれている内容は、現在では民主主義の考え方の根本となっており、日本国憲法をはじめ、後世の世界の憲法に影響を与えます。

「パン寄こせ！」と行進

国民議会による2つの宣言は、王が承認しなければ効力を持たなかったのですが、肝心《かんじん》のルイ16世は認める素ぶりを見せません。そんな中、とある近衛《このえ》兵《へい》が王の目の前で、市民と国王の融和の象徴ともいえる三色記章を踏みつけたとパリに伝わります。するとパリ市民は「王は革命を認め

そのころ、日本では？

松平定信による寛政《かんせい》の改革が始まった1787年、現在の北海道稚内《わっかない》市の宗谷《そうや》岬と樺太《からふと》（サハリン）との間の宗谷海峡を、フランス人士官のラ・ペルーズが艦隊《かんたい》を率いて西欧人として初めて通過しました。このことから宗谷海峡は、国際的にはラ・ペルーズ海峡と呼ばれています。

した。

ていないのか」と怒ります。市民がいら立つ背景には、ルイ16世が宣言を認めないだけでなく、何年も続く不作によって、パリの食糧事情が悪化していたことも関係していました。

1789年10月5日の朝、パリ市庁舎の前には6000～7000人ともいわれる女性が集まり、誰が言い出したのかもわからない「パン寄こせ！」の合言葉とともに、ヴェルサイユへの行進が始まりました。あとには国民衛兵が続きます。

ヴェルサイユへ到着した群衆は、「国王はパリへ帰れ」と怒号を飛ばします。おそれをなしたルイ16世は、国民議会による2つの宣言を認めることを約束しました。この騒動の際、王妃のマリー・アントワネットが「パンがなければ、ケーキ（もしくはお菓子）を食べればいいじゃない」と言ったという事実は記録に残っていません。そもそも、この言葉は別の人物が発した言葉がもとになったとされています。

この「ヴェルサイユ行進」により、議会と国王一家はパリへ移り、テュイルリー宮殿が王宮となりました。こののち、ルイ16世やマリー・アントワネットがヴェルサイユにもどることはありませんでした。

王は裏切り者だ

パリに移ったルイ16世は国民議会の宣言を認め、憲法の制定作業が進み、法律が制定されていきます。それまで州ごとにバラバラだった法律や税率を統一したうえ、旧来の州の県（デパルトマン）への置きかえ（日本の廃藩置県に相当）、国の借金返済のため、国教であったカトリックの教会からの資産の没収、その資産をもとにした公債《こうさい》（アッシニア）の発行などの諸改革が実施されていきました。

国民議会による改革が進む裏で、国王一家はある計画を密《ひそ》かに進めていました。マリー・アントワネットの母国であるオーストリア大公国へと脱出し、国王軍とオーストリア軍とが協力して革命勢力に対抗する計画です。ヴェルサイユから強制的にパリへ移され、不安を覚えたマリー・アントワネットが中心となって画策されたといわれます。

1791年6月20日に計画は実行されましたが、道中でさまざまなトラブルに見舞われた末、大型で立派な馬車が地方の人々に見とがめられ、身元がバレた国王一家はパリに連れもどされます。つかまった土地の名から「ヴァレンヌ（逃亡）事件」と呼ばれるこの一件、さらには他国と通じていた証拠が王宮から見つかったことで、「王は国民を捨てた裏切り者」として、王家への国民の信用は地に落ちました。

フランス史上初の憲法

ヴァレンヌ事件以降、王権を停止して共和政にするべきという議論が盛り上がりますが、「王は何者かにかどわかされた」という王権擁護派の理屈により、ひとまず王政は維持されることになりました。しかし、ヴァレンヌ事件ははからずも、国民議会の中に王権に対する考え方の違いがあることを浮きぼりにしました。１７８９年に結成され、多数の議員が所属する政治結社「ジャコバン・クラブ」も、ヴァレンヌ事件への対応をめぐって分裂します。

このとき、「王政を維持し、立憲君主政の国をつくりたい」と考える人々が「フイヤン・クラブ（フイヤン派）」を結成し、ジャコバン・クラブから独立しました。王政を廃止して共和政を求める「ジロンド派」や、ジロンド派と対立する「ジャコバン派」の中でもより急進的な考えを持つ「山岳派」とはともにやっていけないと判断したのです。

革命政府の変遷

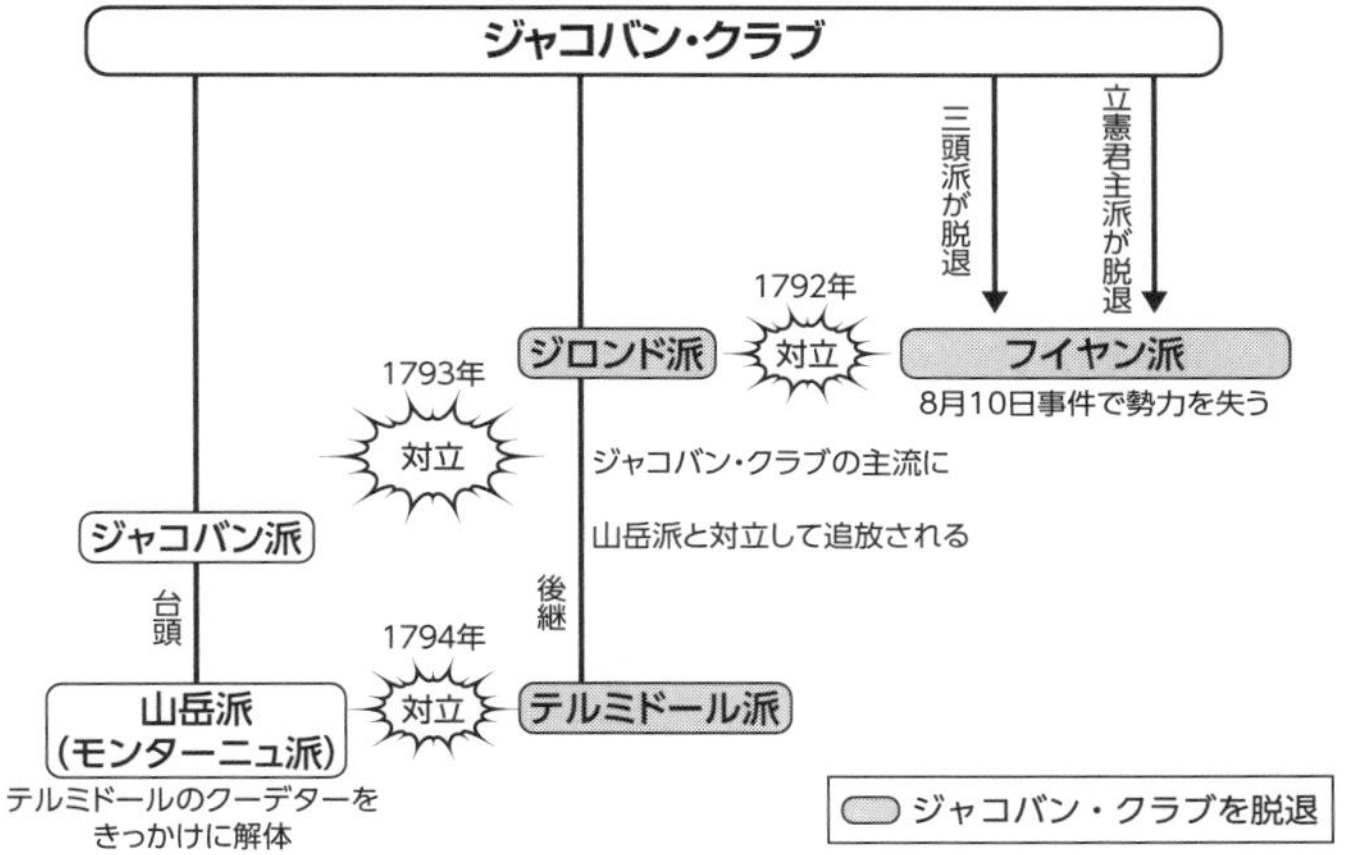

ちなみに「右翼《うよく》」と「左翼《さよく》」という名称は、議長席から見て議場の右側に穏健派（ジロンド派）が座り、左側に急進派（とくに議席の一番高いところに陣取っていたためモンターニュ〈山岳〉派と呼ばれた）が座っていたためといわれています。

1791年9月3日、フイヤン派主導のもとでフランス史上初となる「1791年憲法」が制定され、ルイ16世が承認します。先の人権宣言を前文として、立憲君主政や一院制の議会の設置といった内容が盛り込まれ、ルイ16世は「フランス国王」から「フランス人たちの王」と位置づけられました。国民議会は解散し、選挙を経て10月1日に「立法議会」が開会します。

すでに1790年はじめころから、革命以前の体制は「アンシャンレジーム（旧体制）」と呼ばれるようになっていました。

第一共和政が始まった

フランスで立憲君主政が成立したことで、周辺国はフランスの共和国化と革命の余波が自国に伝わるのをおそれました。なかでも、マリー・アントワネットの兄である神聖ローマ皇帝レオポルト2世、同調したプロイセン王はともに、革命勢力に危害を加えられる可能性のあるフランス国王一家を保護し、親政の復活を求めることを表明します。

そんなおどしに屈するわけにはいかないと、ジロンド派は開戦を主張しますが、政権を握るフイヤン派は、もし戦争に負ければ立憲君主政が崩壊してしまうと、慎重な態度をくずしません。これを、フイヤン派を追い落とすチャンスととらえたジロンド派は、オーストリアとの開戦をルイ16世と議会に強引に迫ります。

1792年3月、ルイ16世はジロンド派に組閣を命じ、4月にはオーストリアに対する宣戦布告が議会で可決され、オーストリアとの戦争、引いては「フランス革命戦争」が始まりました。じつはルイ16世は、開戦すれば革命軍が負け、オーストリアがフランスの王政を復活させてくれるだろうと考えていたのです。

いざ開戦すると、ラファイエット率いるフランス軍は、オーストリア・プロイセン、そして国外に亡命していたフランス貴族軍人の連合軍に連戦連敗します。準備不足はもちろん、革命に際して士官クラスだった貴族のほとんどは、辞任したか他国に亡命しており、革命政府が召集した兵は寄せ集めの素人集団も同然だったのが敗因です。

1792年7月、強い危機感を持ったジロンド派は非常事態宣言を出すとともに、全国から義勇兵（連盟兵）を募ります。そんな折、7月にオーストリア・プロイセン同盟軍司令官が発した「国王一家に危害を加えれば、パリは死の町となるだろう」という宣言がパリに届きます。この宣言にパリ市民は大いに怒り、「フランスの連戦連敗は王が外国と通じているからだ」という考えも相まって、8月10日、連盟兵とともにテュイルリー宮殿へなだれ込み、ルイ16世をはじめとする国王一家を拘束、タンプル塔へ幽閉します。加えて、王権の停止、新憲法を起草するための男子普通選挙による「国民公会」の招集（立法議会は解散）が決まります。この一連のできごとを「8月10日革命（8月10日事件）」といいます。

そして9月、国民公会が開会すると、王政の廃止と共和政となることが宣言され、987年のカペー朝の成立以来、800年以上続いた王政が途絶えるのです。この革命で成立した共和政が、のちに「第一共和政」と呼ばれるようになります。

ルイ16世の最期

タンプル塔へ幽閉されていたルイ16世の処遇を決める裁判が、国民公会で公開の審理・投票によって始まります。結局、国王が外国と内通していた文書が証拠《しょうこ》として示されて有罪となり、死刑が決まりました。しかし、すぐに処刑すべきというジャコバン派と、執行を猶予《ゆうよ》したいジロンド派とで意見が割れます。公開投票が行われ、即刻の死刑に賛成が380票、執行猶予が310票で、すぐの死刑が決まりました。

刑死が決まったルイ16世は動じず、平然としていたといわれます。刑場の革命広場

（現在のコンコルド広場）に設置されたギロチン台（断頭台）の前に立ったルイ16世は「私は罪なくして死ぬのだ。私は非難される理由がない。私の血がフランス国民に有益ならんことを、そして……」と言ったところで刑が執行され、1793年1月21日、命を落としました。

最終的にルイ16世は処刑されましたが、民衆は王の処刑を目的として革命を起こしたわけではありません。そのことは立憲君主政の国づくりを目指していたことからも明らかです。ルイ16世が民衆の期待に応えていれば、フランスは立憲君主政の国として続いていったかもしれません。

ルイ16世とマリー・アントワネットの間にはふたりの男子がいました。長男はすでに死去していたため、次男のルイ・シャルルが王太子でした。ルイ16世が処刑されると、他国へ亡命し

ていた王党派の貴族らによって新たな王（ルイ17世）であると宣言されました。それでもルイ17世はタンプル塔に幽閉され続け、過酷な環境に置かれた結果、１７９５年に10歳で死去します。

穏健派と急進派の対立

王政の廃止のみならず、フランス国王が処刑されたことに周辺国は大きな衝撃を受けます。１７９３年、それまで状況を見ていたイギリスはフランスへの軍事介入を決定し、オーストリア、プロイセンなどと同盟を結びます（第一次対仏大同盟）。

対するフランス政府は兵力を増強することを決め、それまでの連盟兵に加え、農村部の人たちを徴兵することにしました。しかし、この徴兵に農村は反発します。労働力が奪われるだけでなく、革命政府が勝手にやっていることになぜ巻き込まれなければいけないのか、というわけです。パリで革命が行われ、封建的特権が廃止されたといっても、農村にはまだ何の恩恵もなかったのです。こういった反発が、１７９３年の「ヴァンデの反乱」という大きな暴動につながっていきます。

今や、フランスの周辺国すべてが敵国、国内では農民の反乱、そのうえ、国庫も依然として破産状態という状況においても、政権を担うジロンド派は事態の好転を待ちます。つまりは静観です。これに対して議会（国民公会）は、ジャコバン派の有力議員であるダントンをリーダーとした公安委員会を設置します。本来ならば議論で物事を決めるべきところ、対外戦争に加えて、国内の反革命運動などの急速な事態の変化に対応するため、独裁的な権限を持つ組織が必要だと考えられたのです。

その最中、オーストリア軍との戦いにおいて敗北したジロンド派の将校による寝返りと裏切り行為によってジロンド派の信用は失われ、パリの市民・民衆の圧力のもとに、１７９３年６月にジロンド派は追放されました。代わってジャコバン派が権力を握り、７月には山岳派のロベスピエールが主導権を握ります。

ロベスピエールは弁護士出身の政治家で、私欲に走ることがなく清廉《せいれん》の士と呼ばれる人物でした。ただし、非常時には政治にも「テロル（恐怖）」が必要だという考えを持ち、上からの一方的なテロルではなく、徳（道義）をともなったテロルならば、革命の推進力になるのだといい、自分たちのテロルは許されると主張しました。正義の暴力であれば、激しい暴力も許されるというわけです。

ここから「恐怖政治」が始まります。山岳派やロベスピエールに反対する者は、その思想信条を問わず逮捕され、反革命分子として次々とギロチンに送られました。

ロベスピエールは封建的特権の廃止や、物価の価格統制（最高価格令）などの政策を打ち出しますが、簡単にはいきません。すると、政策がうまくいかないのは、反革命分子が邪魔をしているからだと決めつけ、恐怖政治が先鋭化していきます。キリスト教が革命の進行をさまたげているとして、キリスト教への攻撃も激しくなりました。

共和政の開始とともに検討が進められた新しい共和暦（革命暦）では、従来のキリスト教的性格を持った暦を否定し、十進法に基づいて、1カ月を30日、1週間は10日、あまった5日（閏年《うるうどし》は6日）を年の最後に置きました。しかし他国とも異なり、実用性に欠けたこともあり、のちに権力を握ったナポレオンのもとで廃止されます。一方で、この時期に定められたメートル法（長さをメートルで表す十進法の計量単位）やグラム法はその後、世界中で使われるようになっていきます。

なお、1793年6月には「1793年憲法（共和暦第1年憲法）」が制定されました。ジャコバン派主導のもとで成立したことから、「ジャコバン憲法」とも呼ばれます。国民主権が前面にうたわれ、労働や教育に関する権利、男子による普通選挙などが盛り込まれており、立憲君主政に根ざしていた1791年憲法とくらべて、より民主主義な内容でした。ただし、この憲法は当時の国内外の混乱により実施されることはありませんでした。

テロルの首謀者も処刑

山岳派による処断は見境《みさかい》がなくなっていきます。国王の亡き今、その矛先はマリー・アントワネットにも向けられました。裁判はわずか2日で片づけられ、検事代理のエベールにありもしない罪を着せられ、死刑が確定します。そして1793年10月16日、ギロチンで処刑されました。

山岳派の恐怖政治は、すでに暴走を始めていました。派閥に関係なく、ダントンやオルレアン公、バイイといった人物を反革命分子として粛清します。エベールも、陰謀をたくらんだとしてギロチンにかけられました。

テロルの犠牲者の数は、裁判なしで処刑された人も含めると、フランス全土で3万5000〜4万人といわれています。あまりに見境がないため、山岳派の支持母体が減ってしまうほどでした。支持基盤の弱い政権は、当然長くは持ちません。今度はテロルの矛先が、一転して山岳派に向かってくることになります。

1794年7月26日、革命暦・熱月《ねつづき》（テルミドール）の8日、ロベスピエールが国民公会の演説で「粛清されなければならない者がいる」と発言したのをきっかけに、次は自分が粛清されるのではないかと不安にかられた議員たちが結束。翌9日（7月27日）、国民公会にやってきたロベスピエールとその一派を逮捕しました。さらにその翌日（7月28日）、ロベスピエールとその一派は、反論の機会が与えられないままギロチンで処刑されました。この事件を「テルミドールのクーデター」と呼びます。

ナポレオンが歴史の表舞台に

ロベスピエールが処刑されるとともに、山岳派の独裁と恐怖政治は終わりを告げます。

そして、クーデターを主導した議員らテルミドール派によって国民公会が運営され、投獄されていた人々の解放や公安委員会の解散、最高価格令の撤廃などが行われました。ただし、対仏大同盟をはじめ、フランスを取り巻く状況は変わらず、戦時体制はきびしいままでした。

かつて、立憲君主政を目指したフイヤン派、国王を処刑したジロンド派、そしてテロルによる独裁を行った山岳派と、内輪もめをくり返す革命政府に国民も期待しなくなっていました。

そんな中、王政の復活を目論む王党派に不穏な動きが出てきました。この動きに、もし仮に王党派が政権を取るようなことがあれば、今度は自分たちがギロチン送りになってしまうとテルミドール派の人々は考えます。そのため、革命の落着を目指すべく新憲法の起草を急ぎます。新憲法を制定し、国民の支持を取りつけようというのです。

1795年8月、「1795年憲法（共和暦第3年憲法）」が制定されました。議会が上院の「元老会」と、下院の「五百人会」からなる二院制とされ、さらに独裁を防ぐ目的で対等な立場の5人の総裁による集団指導体制が取られました。しかし、この体制なら独裁は防げるかもしれませんが、意思決定が遅く、クーデターなど緊急事態への対応が難しいという危険性もはらんでいました。

総裁政府発足直前の10月、王党派は武装反乱（ヴァンデミエールの反乱）を起こします。鎮圧を任された総裁に着任予定のバラスは、ひとりの若い軍人を頼ります。この軍人こそが、ナポレオン・ボナパルトです。バラスに砲兵隊の指揮を任せられたナポレオンは、たちまちパリ市内の反乱を鎮圧しました。

不十分な装備でも勝つ

ナポレオンは１７６９年、地中海のコルシカ島で下級貴族の家庭に生まれ、９歳から幼年兵学校に学び、パリの士官学校をわずか1年で卒業して軍役に就きます。

１７９３年、イギリス海軍に支援された王党派にフランス南部の港町トゥーロンが占領され、革命政府は対応に苦労していました。そこへ砲兵隊長として派遣されたナポレオンが、砲撃を指揮してたちまち町と港を取り返します。

トゥーロンの英雄として、にわかに名をあげたナポレオンでしたが、ロベスピエールの弟とつながりがあったとしてテルミドールのクーデター後に投獄されてしまいます。

10日ほどで釈放されたものの、軍務から外されて予備役（軍隊の予備人員）となり、ヴァンデミエールの反乱でバラスに登用されるまで冷遇されていたのです。

反乱鎮圧の功績を認められたナポレオンは、１７９６年、総裁政府によりイタリア方面軍総司令官に26歳の若さで抜擢《ばってき》されました。

１７９３年以降、周辺国を敵に回してきたフランスでしたが、１７９５年にはプロイセン、スペインと講和し、オランダを制圧。残る軍事的な脅威は、イタリア北部のサルデーニャ王国、その背後に控えるオーストリアでした。１７９６年、ナポレオン率いるフランス軍はイタリアへ攻め込みます。ここから「ナポレオン戦争」が始まりました。

ナポレオンに託された軍隊の装備はみすぼらしいものでしたが、用兵の巧みさでサルデーニャ軍、オーストリア軍に連勝し、北イタリアの諸都市を次々と占領します。ついにはオーストリアを屈服させ、１７９７年に和約を結びました。これにより、対仏大同盟を結んでいるのはイギリスとロシア帝国だけとなり、その後、ロシアが抜けたことで同盟は崩壊しました。

この第一次イタリア遠征に勝利したことで、ナポレオンの人気はうなぎ上りでした。

革命は終わった

パリに凱旋したナポレオンは市民の歓迎を受けます。続いてナポレオンは、エジプトに遠征します。当時、イギリスとその植民地であるインドとの中継地点であったエジプトを占領して、通商を妨害《ぼうがい》することが目的でした。

ただし、この遠征は失敗に終わります。ただ歴史的にいえば、ロゼッタストーン（古代エジプトの文字であるヒエログリフ解読のきっかけとなった石碑《せきひ》）を発見したことは大きな成果といわれています。

1798年末、ナポレオンがエジプトに釘《くぎ》づけになっている間、イギリスをはじめ、オーストリアやロシアなどが同盟（第二次対仏大同盟）を結びます。フランス軍は連敗し、ナポレオンが手に入れたライン川左岸や北イタリアな

そのころ、日本では？

ヨーロッパでの覇権争いは、日本にも影響を与えます。江戸時代でも日本と貿易を続けていたオランダ（ネーデルラント）は、フランス革命戦争に巻き込まれて大きな痛手をこうむり、1795～1813年にかけて長崎の出島に入港できたオランダ船はわずか数隻《すうせき》でした。

どの領土を失ってしまいます。

翌年、パリでクーデターの兆《きざ》しがあることを知ったナポレオンは、少数の部下とパリへ帰還。そして、総裁のひとりであるシェイエスらが画策したクーデター（ブリュメール18日のクーデター）に乗じて組織された統領政府の第一統領となります。統領政府は3人の統領（コンスル）で構成され、そのうち第一統領に大きな権力が与えられ、第二、第三統領には諮問《しもん》する（問われたことに意見すること）権限があるだけで、その下に立法機関である元老院が設置されます。これらの内容が盛り込まれた「1799年憲法（共和暦第8年憲法）」が制定されると、ナポレオンは「革命は終わった」と宣言。1789年から続いた革命に終止符が打たれることになりました。

ナポレオンがスピード出世できたのは、ナポレオン自身の才能もさることながら、革命によって次々と有力者が命を落とし、外国に亡命するなどしていたためともいわれています。10年続く混乱を収めてくれる人物の登場を、国民が待ち望んでいたという側面もありました。

なお、クーデター以前の1798年には、対外戦争での軍の増強を目的として「ジュールダン・デルブレル法」が制定され、義務徴兵制が始まりました。この徴兵制は、形を変えながら20世紀末まで存続することになります。

カトリック教会との和解

ナポレオンは、奪われた領土を取り返すため、1800年、再度イタリアに遠征します。この遠征のアルプス山脈を越える際にナポレオンが発した「余《よ》(私)の辞書に不可能の文字はない」というセリフはとりわけ有名です。アルプス山脈を越えてからの戦いにも勝ち、再びオーストリアを屈服させました。1801年にオーストリアと、1802年にイギリスと和約を結び、第二次対仏大同盟を解消させました。

ナポレオンはこのころ、さまざまな政策を打ち出します。なかでも、1801年にローマ教皇と結んだ「コンコルダート(政教協約)」は大きなできごとでした。

このころになると、「ライシテ」と呼ばれる政教分離の原則ができつつありましたが、ナポレオンはコンコルダートによって、明確にカトリックをフランス国内最大の宗教として公認したことになります。他方では、プロテスタントやユダヤ教など、他宗派・他宗教を信じる自由も担保しました。カトリック側には革命中に没収された教会資産の放棄を認めさせ、教会の没収資産を払い下げで手に入れていた国民を安心させました。

教皇がフランスの司教を承認する権利を認める代わりにフランス政府がその司教を指名する、フランス政府が司教の俸給（給与）を出す代わりに司教を更迭《こうてつ》する権利を持つなど、革命政府が主導した弾圧により失われた教会との信頼関係を回復しつつ、王党派などの反政府勢力とカトリックが結びつくことを防ぐ目的がありました。

後世に影響を与えた法典

第一統領となり独裁的な権力を手にしたナポレオンは、中央集権を進めます。というのも、王政期の政治を動かしていた貴族などの特権階級が、革命期に売官制（ポーレット法など）や世襲制が廃止されたことでいなくなっていたからです。現代へ続くフランスの官僚制度や公務員制度が確立していき、とくに地方の行政に絶大な権力を持つ県知事を中央政府が任命する制度は、１９８２年に地方分権化が行われるまで続きます。

１８００年には、現在のフランスにおける中央銀行の前身にあたるフランス銀行（１

９４５年に国営化）を設立。紙幣発行権を与え、銀行券発行による経済の安定化に努めました。ほかにも、教育制度を整えたり、不便だった革命暦を廃止して、廃止前から使われていたグレゴリオ暦（太陽暦の一種）を復活させたりしました。

１８０２年には、国家に対して功労のあった人物に勲位《くんい》を与えるべく、レジオン・ドヌール勲章が創設されました。この制度は現在でも存続し、文化や科学といった分野において功績をあげた人物には、フランスの国民に限らず外国人にも授与されています。

ナポレオンが打ち出した数々の政策のうちでも、最も心を砕いたというのが『ナポレオン法典』でした。晩年のナポレオンが「余の真の栄光は、40におよぶ戦勝ではなく、余の法典にある」と語ったとされるほどです。正式名称を『フランス人の民法典』といい、１８０４年に制定されました。

この法典の中身は、私的所有権の絶対や労働の自由、人身の自由、法の前での平等、信仰の自由など、革命によって確認された数々の権利が法律によって規定された、世界初の近代的な民法典といわれています。そのため、世界各地の民法典に大きな影響を与えました。日本も例外ではありません。

ただし、数々の権利が認められているのは男性のみであるといった点などは、すべての人間に平等な権利を宣言した革命の理念から一歩後退した内容でした。そうなったのは、アンシャン・レジームの習慣や考え方に譲歩した結果だといわれています。カトリックとの和解や、ナポレオン法典での権利の後退は、急進的な革命の実行によって社会との軋轢《あつれき》を生み、自壊した革命政権を他山の石としたのです。

同時期、ナポレオンは思い切った決断をしています。フランスが北米大陸に所有していたルイジアナ（広さ約２１４万平方キロメートル）を、１５００万ドルでアメリカに売却したのです。この値段は当時としても破格の安さでした。そもそもルイジアナは、ルイ14世の時代に手に入れて以来の、ミシシッピ川流域を含む広大な植民地です。売却の理由は、植民地化を目論んでいたハイチが独立して、ルイジアナとセットで考えられていた計画が失敗したこと、北米大陸でも対立関係にあったイギリスにまた攻め取られる前にアメリカへ売ってその資金を戦費にあてることなどです。

大規模な植民地を手放した一方で、周辺諸国へ攻め込み、フランス本国の領地は拡大していきます。当初、ナポレオン戦争は「諸外国の介入を退けるための手段」という位置づけでしたが、「革命を輸出するための手段」へと変質していきます。ナポレオンは自身を侵略者ではなく、軍事力によって周辺国を王権から解放する者であると自認していました。しかし、占領された地域の人々からしてみれば、フランスとその支配者であるナポレオンへの従属だったため、革命の理念は理解されていませんでした。

フランス人民の皇帝

イギリスとの和約が成立したのち、ナポレオンは憲法を改正して第一統領の任期を終身とし、さらに後継者を指名（世襲）できるよう制定します。これにより、一国の君主と変わらない権力を手に入れ、1804年の『ナポレオン法典』の発布と同年に皇帝への即位を宣言。皇帝への即位を国民投票にかけました。結果、賛成352万票余、反対2579票という圧倒的多数で即位が認められたとして帝位に就き、皇帝ナポレオン（ナポレオン1世）となります。

〝王〟ではなく、なぜ〝皇帝〟となったのか。決定的なところは不明ですが、王は、倒された旧体制を連想させ、他方、ヨーロッパにおける皇帝は永らく選ばれて即位する地位だったから、つまり、自分はフランスの人民に選ばれたから皇帝になったという理屈で、国民投票を行ったのもそのためだという理解です。正式名称の「Empereur des Français」を訳すと「フランス人民の皇帝」であり、「フランス（国）皇帝」ではありません。

パリのノートルダム大聖堂で行われた戴冠式では、ローマ教皇から授けられる帝冠をナポレオンが自身でかぶりました。「皇帝の地位は、授けられたものでなく、みずから勝ち取ったものである」という意思表示だったといわれています。

フランク王国時代を除くフランス史上において、皇帝の即位とフランス帝国の成立は初めてのことでした。第一共和政が終わり、このときに始まった体制を「第一帝政」と呼びます。

封鎖令で得する国なし

ナポレオンが皇帝に即位すると、各国はナポレオンが抱く大陸の覇権を握るという野望を感じ取ります。イギリスは和約を破棄し、1805年8月にオーストリア帝国やロシアなどと、またも対仏同盟（第三次対仏大同盟）を結成します。

1805年10月、フランスはスペインと手を組んでイギリスに戦いを挑みますが、敗れます（トラファルガーの海戦）。それでも、同年12月のアウステルリッツの戦いに勝利し、対仏同盟を解体に追い込みます。そして神聖ローマ帝国西部の16カ国に「ライン同盟」を結成させ、神聖ローマ帝国からの離脱とフランス皇帝をいただくよう宣言させます。これにより、神聖ローマ帝国は崩壊しました。

このライン同盟の成立に反発したプロイセンがフランスに宣戦布告したことから、ナポレオンはプロイセンに侵攻します。軍制、戦術、装備が旧式のプロイセン軍をフランス軍は圧倒し、プロイセンの王都であるベルリンを陥落させます。

そして1806年、ナポレオンはベルリンにおいて「ベルリン勅令《ちょくれい》」を発します。い

フランス帝国とその周辺国

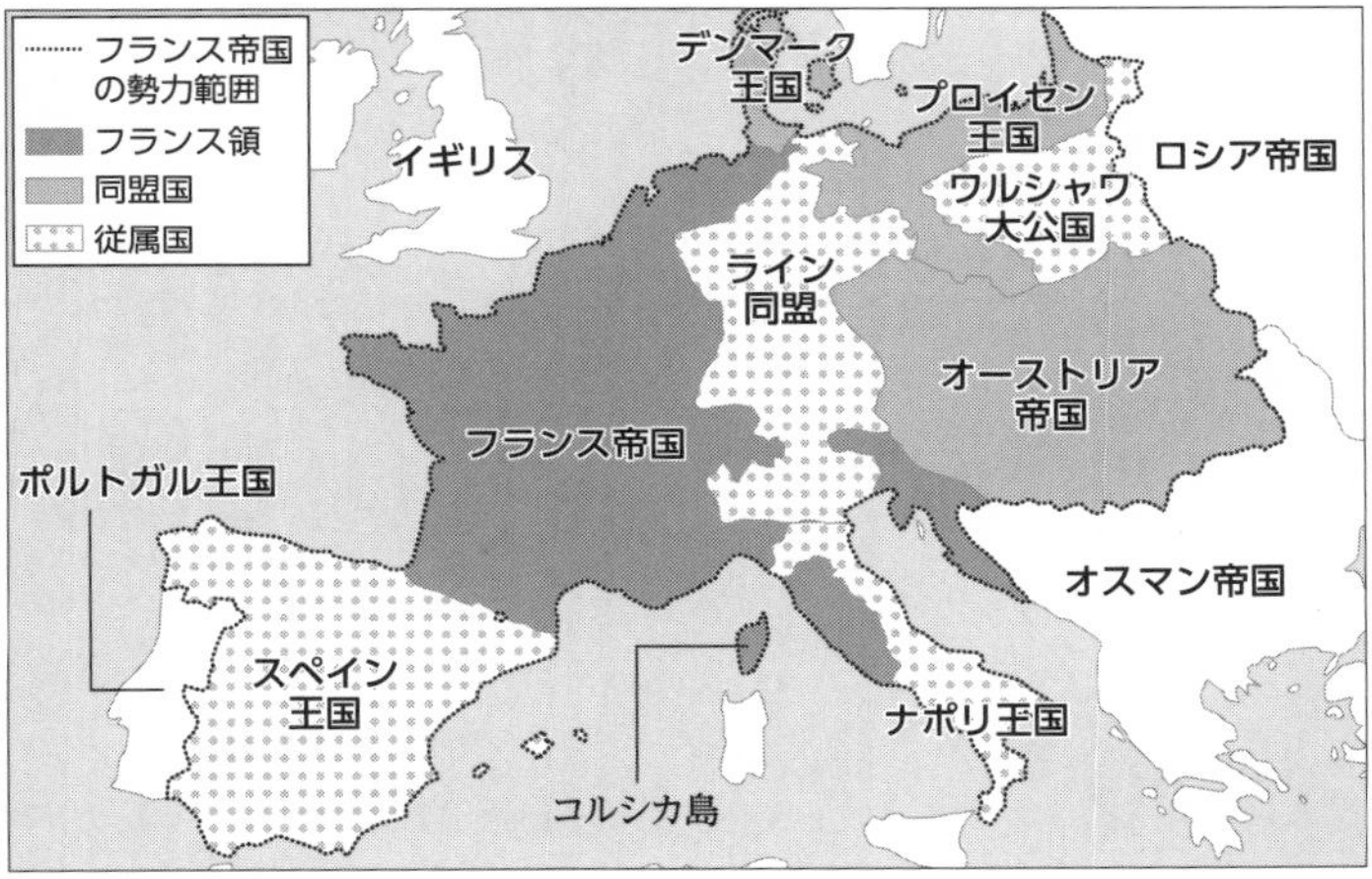

わゆる「大陸封鎖《ふうさ》令」です。フランスおよび支配下の国にイギリスとの取引を禁じ、イギリスを経済的に干《ひ》上《あ》がらせるのが目的でした。いくら戦争に勝っても次から次へと敵が立ち向かってくるため、同盟の要《かなめ》であるイギリスを弱らせる必要があると、ナポレオンは考えたのです。

しかし、産業革命を経てヨーロッパ随一の工業国となっていたイギリスと取引ができなくなると、経済的なダメージを受けるのはイギリス、大陸諸国、そしてフランスも同様でした。このことが、のちにフランス帝国が没落する要因になるのです。

ナポレオンは戦線を拡大させていった結

果、イタリアやスペイン、オランダ、オーストリア、プロイセンなどを屈服させ、新たな支配地には自身の一族を元首にすえます。さらに、世継ぎのほしかったナポレオンは、自身の権威づけという理由もあり、妻のジョゼフィーヌと別れ、オーストリア皇帝フランツ1世（神聖ローマ帝国の最後の皇帝としてはフランツ2世）の長女であるマリー・ルイーズと新たに結婚したことも、支持を失うきっかけとなりました。

フランス帝国の終わり

ロシアが大陸封鎖令を守らず、イギリスへの穀物輸出をしていたことを知ると、ナポレオンはロシア攻めを決意。１８１２年6月、数十万もの大軍勢を率いてロシアの帝都モスクワを目指します（ロシア遠征）。ところが、他国兵も含む混成部隊であったうえ、道中の町を焼き払って後退するロシア軍の作戦の前に戦線が伸びて、補給もままならなくなったところに冬将軍（猛烈な寒波）が到来し、大敗北を喫《きっ》します。

翌１８１３年、オーストリア、プロイセン、ロシアによる同盟軍とのライプツィヒの戦いにも敗北。侵攻する同盟軍はパリまで占領しました。ここに至り、元外務大臣であり、ナポレオンと旧知の間柄《あいだがら》であったタレーランを首班とする臨時政府が樹立されます。同時に皇位は廃止され、ナポレオンは失脚しました。このときをもって、第一帝政は幕を閉じます。

ナポレオンに関してはさまざまな見方や評価が存在します。王政を否定する革命政府からのし上がってきたにもかかわらず、自身が皇帝に即位したばかりか、新貴族の制度化や身内を各地の国王に就けるといった、前時代的な制度を継承したことに批判があります。

一方で終わりの見えなかった革命を終わらせたことをはじめ、官僚制を整えてフランスの国家体制を建て直したうえ、近代的な法を整備して合理的な社会システムの礎《いしずえ》を築いただけでなく、ヨーロッパ諸国に国民・自由・人権といった考え方を浸透させた、という一面もありました。

そのころ、日本では？

ラクスマンの根室への来航（1792年）、長崎でのフェートン号事件（1808年）など、外国との交流を制限していた日本の情勢は大きく変化しつつありました。そこで江戸幕府は1811年、蛮書和解御用掛《ばんしよわげごようがかり》（のちの蕃書調所《ばんしよしらべしよ》）という洋書の翻訳などを手がける部署を設置します。

ひみつコラム

フランスの国旗と国歌

革命期のできごとがきっかけで成立した

トリコロールといえば、フランス語で「三色の」という意味の言葉ですが、今ではフランスの国旗を指す言葉になっています。青（藍《あい》）色は「自由」、白色は「平等」、赤色は「友愛」を表して配色されたと説明されることもありますが、これは後世のこじつけといわれています。そもそも、成立過程がはっきりしていません。有力な説としては、パリ市民らがバスティーユ要塞を襲撃した翌日、民兵軍（国民衛兵）の指揮官に選ばれたラファイエットが、赤と青のパリ市旗の真ん中にブルボン王家を象徴する白（白百《しらゆ》合《り》）を入れた三色記章を考案したといいます。このことから、ラファイエットはブルボン王朝を打倒するのではなく、協調しようと考えていたといわれています。

トリコロールがフランスの「国旗」として使われ始めると、のちに共和国として独立した国々はそのデザインを採り入れたため、国旗が三色旗の国が多いのです。

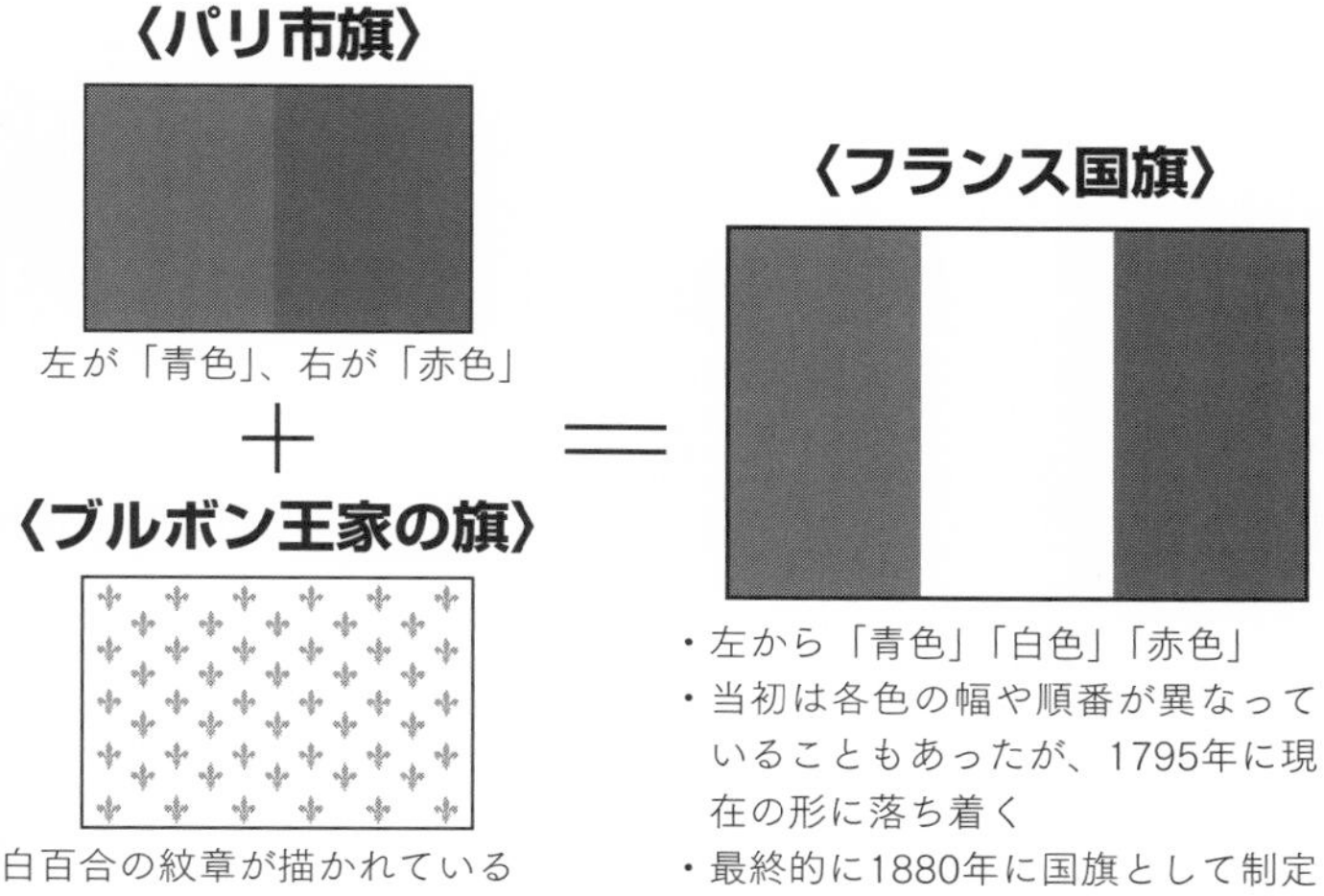

左が「青色」、右が「赤色」

白百合の紋章が描かれている

・左から「青色」「白色」「赤色」
・当初は各色の幅や順番が異なっていることもあったが、1795年に現在の形に落ち着く
・最終的に1880年に国旗として制定

国旗と並んで国歌『ラ・マルセイエーズ』もよく知られています。「暴君の血染めの旗」「けがれた血が私たちの畑をうるおすまで」といった過激な歌詞も登場することから、ブルボン王家の打倒を目指す勢力がつくったと思うかもしれませんが、違います。

つくられた１７９２年当時、オーストリア軍が国境のライン川に迫っていました。それを迎え撃つ革命軍を鼓舞する目的でつくられた軍歌が『ライン部隊のための歌』です。

革命期に、歌は南部の都市マルセイユからやってきた義勇兵を経てパリでも広まり歌いつがれ、やがて１８７９年には国歌に制定されました。『ラ・マルセイエーズ（マルセイユ軍の歌）』と呼ばれるのはそのためです。

知れば知るほどおもしろいフランスの偉人❻

フランスを代表する啓蒙思想家

ルソー

Jean-Jacques Rousseau

（1712 ～ 1778）

民主主義をうったえてフランスを革命に導く

母を生後すぐに亡くし、時計職人の父は蒸発したため、ルソーは10歳で孤児《こじ》同然となりました。幼少期から読書に親しんでいたルソーは、引き取られた先でのひどいあつかいに耐えかね、16歳で放浪の旅に出ます。

ある男爵夫人に保護され暮らし始めると、ルソーは書物を通じて独学で知識をたくわえ、30歳のころにパリへ出て、音楽教師として生計を立てながら、社交界で文化人と交流します。

1750年に受賞した懸賞《けんしよう》論文で有名になったものの、『社会契約論』や『エミール』の内容が政府に目をつけられ追及されたため、フランスを一時離れます。人間の自由と平等や民主主義に関するルソーの議論は、その死後に起こったフランス革命に大きな影響を与えました。

晩年も定住せずに生涯を終え、現在はフランスの偉人が眠るパリの霊廟《れいびよう》「パンテオン」に葬《ほうむ》られています。

chapter 7

変化する政治体制

革命以前にもどった!?

ナポレオン失脚後、グレートブリテンおよびアイルランド連合王国（イギリス）、ロシア帝国、プロイセン王国など各国代表者は、オーストリア帝国の都ウィーンに集まり、ナポレオン戦争の事後処理を話し合う「ウィーン会議」を開催します。目的は、フランスを革命以前の政治体制にもどし、各国の王家による国際政治の主導権を回復して、各国の力関係のバランスの維持をはかることです。これは「ウィーン体制」と呼ばれます。

そうしてフランスでは、１８１４年5月、国外に亡命して反革命運動を展開していたルイ16世の弟であるプロヴァンス伯が帰国。ルイ18世として即位し、ブルボン朝が復活します。これを「第一次復古王政」といいます。

とはいえ、すんなりと王政を民衆が再び受け入れられるはずがありません。こうした国民の声を聞いたナポレオンは、蟄居《ちっきょ》を指示されていたエルバ島を脱出。抵抗らしい抵抗を受けず、１８１５年3月にパリへ入ると、政権を奪回して復位します。

ナポレオンは直《ただ》ちに対仏同盟軍に逆襲をはかりましたが、現在のベルギーでのワーテルローの戦いで敗れ、同年7月に南大西洋上の英領セントヘレナ島へ送られました。ナポレオンの一時的な復権は約3カ月だったので「百日天下」といいます。

なお、1821年にナポレオンはセントヘレナ島で没し、埋葬されました。それからおよそ20年後の1840年、国民の要望を受けた国王ルイ・フィリップの同意によって遺体は掘り起こされ、セーヌ川沿いのアンヴァリッド付属の教会の棺《ひつぎ》に納められました。

百日天下ののち、避難していたルイ18世がパリにもどり、「第二次復古王政」が始まります。復古王政はフランス革命以前の王政をそのまま再現したものではなく、憲法によって国王の権力を制限した立憲君主政であり、革命の際に貴族から没収した領地や財産も、完全には回復されませんでした。

議会は革命以前からの代々の貴族と新たに貴族と認められた人物らで構成された上院（貴族院）と、国民から選挙で選ばれた議員による下院（代議院）の二院制です。ただし、選挙権と被選挙権は高額納税者のみに制限され、3000万人の国民のうち投票に参加できたのはわずか9万人でした。首相や閣僚は、議会で多数派となった政党から選ばれる議院内閣制ではなく、国王が任命権を握っていました。復古王政で初代首相となったのは、フランス革命下からの有力政治家であるタレーランです。

復古王政期では、一部の貴族やカトリック教会の聖職者が、極端に保守的なユルトラ・ロイヤリスト（ユルトラ派、超王党派）を形成し、議会の内外で貴族や教会の特権の復活を主張しました。1815年8月の下院選挙ではユルトラ派が勝利しましたが、ルイ18世は選挙権を持たない国民の反発を恐れて議会を解散させ、穏健な中道政策をはかります。しかし、1820年にルイ18世の甥にあたるベリー公がブルボン朝を嫌うナポレオン支持者（ボナパルティスト）に暗殺され、報復感情の高まりからユルトラ派が急速に発言力を強めました。

再び王位を追われたブルボン家

1824年にルイ18世が没すると、その弟のアルトワ伯（ベリー公の父）が、シャルル10世として即位します。シャルル10世はユルトラ派に同調し、再びカトリックを国教に定め、国民にキリスト教的な道徳観を強制しようとしました。

この時期、市民階級の作家であるスタンダールは、小説『赤と黒』で、亡きナポレオンを英雄視する貧しい青年をえがき、旧貴族や聖職者などの保守派に不満を抱く人々の感情を活写しています。実際に、商工業に従事する市民階級の間では、シャルル10世の反動的な政策への反発が広まっていました。その代表例が、大工の息子からフランス銀行総裁にまでなったラフィットです。自由主義派の新聞『ナシオナル』を後援して、国王は「君臨すれども統治せず」というイギリス型の議会政治を唱えました。

こうした国内状況を憂えたシャルル10世は国民の目を外へ向けようと、アルジェリアの重要地アルジェを治める太守とフランス領事の衝突をきっかけとして、１８３０年6月にアルジェリアに侵攻。アルジェを占領し、アルジェリアの一部をフランス領とします。以後、19世紀を通じてフランスが進めた北アフリカ植民地化の第一歩となります。

そのころ、日本では？

文政年間になると、ロシアやイギリスの船が通商などを求めて日本の沿岸に現れるようになったことから、1825年に幕府が異国船打払令を発布しました。この政策に対して、渡辺崋山《かざん》や高野長英《ちょうえい》らが幕府を批判したことで、1839年に幕府が洋学者を弾圧する蛮社《ばんしゃ》の獄《ごく》が起こります。

シャルル10世はアルジェ征服で国民の支持を得られると考えていましたが、直後の選挙では国王に批判的な勢力が多数の議席を獲得します。

1830年7月、危機感を抱いたシャルル10世は下院の解散をはじめ、言論の自由の停止や選挙権の制限など抑圧的な内容の王令（七月王令）を発しました。すると、この王令に反発するパリの民衆が富裕な市民階級（ブルジョワジー）主導のもとで抗議活動を起こし、市街戦に発展。王宮が占拠されます。

あわてたシャルル10世は、国民に人気のなかったルイ・アントワーヌではなく、孫のアンリ・ダルトワに王位を譲ろうとして沈静化をはかるもうまくいかず（139ページの図を参照）、イギリスへ亡命。そしてブルボン家の直系に代わって、ルイ14世の弟の血筋に

あたる（117ページの図を参照）、オルレアン家のルイ・フィリップが、1830年8月に議会から「フランス人たちの王」の称号を受けて王位に就き、「オルレアン朝」が始まります。この一連の市民蜂起と政変を「七月革命」といいます。画家のドラクロワが描いた『民衆をみちびく自由の女神』は、この七月革命をモチーフとした絵画です。

新王政は「宴会」で倒された

ルイ・フィリップは大物貴族ながら、フランス革命による市民階級の政治参加や権利の拡大に理解を示していたので、かねてよりラフィットら市民階級の有力者に支持されていた人物でした。そんなルイ・フィリップの治世は「七月王政（オルレアン朝）」と呼ばれ、引き続き立憲君主政で、下院（代議院）と、下院より優位な上院（貴族院）の二院制をとります。選挙資格に必要な納税額が引き下げられた結果、有権者には財力をたくわえた銀行家や都市部の自営業者、農村の地主などの割合が高くなり、旧貴族や聖職者の政治的な影響力は低下しました。

富裕な市民が増え、復古王政時代より自由な風潮が広まると市民たちの文化も発達します。女性の地位向上を唱えた文学者のジョルジュ・サンド、ロシア帝国支配下のポーランドからパリへ移住した音楽家のショパンなど、自由な感情を表現するロマン主義の文学者や芸術家が数多く活躍しました。

フランスの産業革命もこの時期から始まります。1832年にはリヨン近郊で鉄道が開業し、5年後にはパリ近郊でも鉄道が開通しました。こうした工業の発展とともに、貧しい農民の多くが都市に流入して工場労働者となります。その生活環境は劣悪で、不衛生な区域に住まわされ、低賃金で1日に十数時間もの重労働を課され、しかも選挙権は高額納税者のみに限られていたので政治に参加することもできませんでした。

下層労働者の環境を改善するため、社会的不平等の是正を唱える社会主義思想が広がります。たとえば、社会主義者のサン・シモンは、企業を運営する資本家は労働者と協力し合うべきだと説き、近代的な都市開発によって大衆の生活を向上させることを唱えていましたが、サン・シモン自身の死後も多くの支持者を生んでいました。

1840年代、ヨーロッパ全域が寒冷化に襲われます。フランスでも主食の小麦や農作物の不作が続き、農村でも都市部でも貧困層の不満が増大しました。政府に不満を持つ市民の間では、下層の労働者や農民にまで選挙権を拡大することを求める声が高まっていましたが、政府は市民による政治的な集会を制限したので、パーティという名目で政府に批判的な人々が集まる「改革宴会」が流行します。しかし、首相のギゾーは市民が求める選挙権の拡大に応じようとせず、１８４８年2月に改革宴会を禁止しました。激怒したパリの民衆は大規模な暴動を起こし、これが「二月革命」へと発展します。

ヨーロッパ各国でも政変が

二月革命で蜂起した市民は市庁舎や政府機関を占拠したことで、ルイ・フィリップは退位して七月王政は崩壊しました。以後、現在に至るまでフランスに王政は復活しておらず、ルイ・フィリップが最後の国王となります。

崩壊からほどなく、王政を否定する共和主義者を中心とした臨時政府が発足して、「第二共和政」が成立します。臨時政府の閣僚は、法律家のデュポン・ド・ルール、作家のラマルティーヌなどのブルジョワジーが多数を占めましたが、労働者階級を代表する社会主義者のルイ・ブランらも参加しました。

臨時政府は、貧しい労働者に仕事を与える国立作業場を設置したほか、21歳以上の男性すべてに選挙権を与える普通選挙、長時間労働の制限（パリでは1日10時間、地方では11時間まで）、言論・集会の自由などの改革を進めました。

1848年の二月革命はヨーロッパ各国に飛び火し、オーストリア帝国では、外相・首相としてウィーン体制を主導したメッテルニヒが失脚しました。プロイセン王国やバイエルン王国など多数の国が分立していたドイツ語圏では、ドイツの統一と国民の政治参加を求める運動が活発になります。同じく小国が分立していたイタリア半島でも、イタリアの統一と国民の政治参加を求める運動が広がりました。同年に思想家のカール・マルクスは、労働者階級が団結して政権を担うことを唱える『共産党宣言』を執筆し、大きな反響を呼びます。こうしたさまざまな面で、1848年はフランスのみならずヨーロッパ史の大きな節目の年となりました。

フランス国内では、革命後の4月に選挙が行なわれましたが、880の議席のうち改革的な共和主義者は100議席に届かず、保守的な貴族や大地主が議会の多数を占めます。過激な社会主義者は逮捕され、ルイ・ブランも失脚しました。6月には国立作業場が廃止され、不満を抱いた労働者が蜂起します（六月蜂起）が、鎮圧されます。

予想外の人物が初代大統領に

１８４８年11月には第二共和政憲法が公布され、国民投票で選ばれた大統領が閣僚を任命するアメリカ型の大統領制が導入され、翌月に大統領選挙が行なわれました。フランスの歴史上、国民の選挙によって国家元首が決定されたのはこれが初めてです。

候補の中では、軍指揮官として六月蜂起を鎮圧したカヴェニャック、臨時政府の外相を務めたラマルティーヌの当選が有力視されていました。ところが予想をくつがえし、かの皇帝ナポレオンの甥にあたるルイ・ナポレオンが、74％の票を獲得して当選します。

ルイ・ナポレオンは、ナポレオンの弟でオランダ王だったルイの子として生まれました。ナポレオン一族が失脚して以降、スイスやイギリスなど国外を転々としながら、フランス内で王政に不満を抱く人々と連携して政権の奪取をはかり、二月革命の勃発後にフランスに帰国します。じつは七月王政の時代には、その前の復古王政への反発やフランスを強国にした実績から、国民の間でナポレオンの再評価が進んでおり、ルイ・ナポレオンに追い風が吹いていました。

さらに、ルイ・ナポレオンは社会主義の影響を受け、『貧困の絶滅』という著書で貧しい農民や労働者を税金で救済する政策を唱えていたので、貧困層の間にもルイ・ナポレオンに期待する声が高まっていたのです。

もっとも、初のフランス大統領となったルイ・ナポレオンは、長らく国外にいたため政界に有力な味方がおらず、政府の要職は七月王政時代の政治家や軍人が占めました。政府に批判的な勢力は弾圧を受け、再び言論や集会の自由は制限され、職を転々とするため長期間定住できない労働者は選挙資格を奪われました。

第二共和政憲法では大統領の任期を4年とし、再選を禁じていました。1851年12月、大統領任期の満了が1年後に迫る中、政府や議会の保守派と険悪な関係が続いていたルイ・ナポレオンは、クーデターを起こして議会を解散させ、自分に敵対的な勢力を逮捕させました。そのうえで選挙権の定住制限を廃止し、労働者階級の支持のもと、国民投票での信任を受けて憲法を改正します。新憲法では議会に対する大統領の権限が強化され、任期も10年に延長されました。

国民投票で帝政が復活

ルイ・ナポレオンは反対派の言論活動を規制する一方、労働者のために住宅を建設するなど福祉政策に力を入れることで貧困層の心をつかみ、さらには自分とナポレオン1世の偉業を重ね合わせる宣伝を展開しました。

そして1852年11月、元首を皇帝とすることを問う国民投票を実施し、96％以上もの賛成票を獲得します。翌月、ルイ・ナポレオンはナポレオン3世として皇帝に即位し、「第二帝政」が始まり、同時に第二共和政が終わりました。ちなみに、ナポレオン1世の息子にあたるナポレオン2世は、父の失脚後、2週間のみ帝位に就いたのち、母方の祖国であるオーストリアへと逃れ、1832年に病死しています。

第二帝政は、第一帝政と同様に三院制からなり、元老院（上院）、立法院（下院）、国務院が存在しましたが、ナポレオン3世に権力が集中し、しかも三院で唯一、男子の普通選挙で議員が選出される立法院の権限はほかの二院とくらべて制限されていました。

それでも第二帝政は1870年まで続き、前半の1860年までは「権威帝政」、後半は「自由帝政」と通称されます。前半は普通選挙など国民の権利を保障しつつも、行政権力は皇帝政府が独占しました。後半は市民階級の支持を期待して言論や集会の自由を緩和します。結果、政府に批判的な共和主義者が議会で勢力を伸ばしました。

ナポレオン3世は、サン・シモン主義の影響を受けていました。産業革命が進んでいたイギリスを手本に、大規模な工場の建設や交通網の整備などを政府の主導で進め、銀行家や富裕市民による工場や鉄道への投機が活発になります。第二帝政の約20年間で鉄道の総距離は5倍に伸び、フランス全土に広がりました。

工場で繊維や金属製品が大量生産されて衣類や日用品の種類も豊富になり、パリではさまざまな商品を展示するショーウィンドウを備えた商店街や百貨店がにぎわい、人々がおしゃれやショッピングを楽しむようになります。また、交通網の発展によって都市には大量の食材やワインが流入し、豊かな食文化が形成されます。

パリは19世紀を通じて人口が急増しますが、中世以来の不衛生で雑然とした町並みが残っていました。そこでナポレオン3世は、パリが位置するセーヌ県の知事オスマンに大規模な再開発（パリ改造）を命じます。周囲に拡大された市内には、幅が広い直線の道路網が新たに敷《し》かれ、上下水道が完備されました。現在のパリの町並みは、大改造からはじまったといえます。

　本や新聞、雑誌などの大衆メディアも発達します。1862年には作家のユゴーが、ナポレオン没後から七月王政期に起こった六月暴動までを時代背景としてえがいた小説『レ・ミゼラブル』を発表しました。ほかにも、『三銃士』を含む三部作からなる『ダルタニャン物語』、日本では『巌窟王《がんくつおう》』の名で知られる『モンテ・クリスト伯』を著した作家のデュマ、『種をまく人』などの絵画で知られる画家のミレー、大胆な裸婦画の『オランピア』を描いたマネなどは、この時期のフランスを代表する文化人です。

　自然科学の分野でも、予防接種を世に広めることになる細菌《さいきん》学者のパスツール、やがて『昆虫記』を出す博物学者のファーブルなどが活躍し出したのもこの時代です。

そのころ、日本では？

日本は1858年に、フランスを含む5カ国と修好通商条約を結んだものの、条約で約束した開港が遅れることから延期交渉のため、1862年に使節団（文久遣欧《ぶんきゅうけんおう》使節団）を派遣しました。このとき、使節団はフランス帝国も訪れ、交渉に臨み、各国との交渉後はフランス船で帰国しています。

皇帝みずからの出陣が裏目に

ナポレオン3世は、外交政策ではナポレオン1世の失敗を踏まえてイギリスと友好関係を結び、輸出入の関税を引き下げて貿易を拡大させました。1853年にロシア帝国とオスマン帝国の間でクリミア戦争が起こると、ロシアの勢力拡大を恐れるイギリスとともにオスマン帝国に味方して参戦し、勝利を収めます。続いて、イタリア統一をはかるサルデーニャ王国を支援して、サルデーニャとオーストリアとの戦争（イタリア統一戦争）にも軍を派遣し、フランスの国際的影響力を高めました。しかし、中米での勢力拡大をはかったメキシコ出兵は失敗に終わります。

同時期、フランスの隣国のプロイセン王国がドイツ語圏諸国の統一を進める中、1866年、対立するオーストリアに宣戦布告し、戦い（普墺《ふおう》戦争）に勝利します。プロイセンの要望を受け入れて中立を維持した見返りにフランスは、ライン川西岸地域の譲渡を求めましたが、プロイセン首相のビスマルクは拒否しました。加えて、フランスの意向に反してプロイセンがスペイン王国の王位継承問題に介入したことで、フランスとプロイセンの関係は急激に悪化。１８７０年7月に普《ふ》仏《ふつ》戦争（独仏戦争）が起こります。用意周到に戦争準備を進めていたプロイセン軍に対してフランス軍は出遅れ、しかも、バイエルン王国やバーデン大公国などドイツ語圏のほかの国々もプロイセン軍に味方します。戦いを優位に進めたプロイセン軍の前にナポレオン3世が前線に立つも、フランス軍は敗れて降伏。皇帝が捕虜となったことで第二帝政は崩壊します。以後のフランスで帝位に就いた人物は現在までいません。

皇帝不在のパリは無政府状態に陥りかけますが、軍の指導者や穏健な共和主義派の議員らはパリで革命が起こることを避けつつ、プロイセンとの戦闘継続をはかり、9月に「国防政府（臨時政府）」を成立させました。ところが、翌年1月にプロイセン軍がパリを攻囲する中、プロイセン国王のヴィルヘルム1世は、ヴェルサイユ宮殿においてオーストリア以外のドイツ語圏諸国を統合したドイツ帝国の成立を宣言しました。

安定した政治体制が実現？

１８７１年2月、七月王政時代に首相経験のあるオルレアン派のティエールが国防政府の首班に就任し、ドイツ帝国と仮の講和条約を結びます。ところが、講和条件には巨額の賠償金の支払いや、フランス北東部のアルザス・ロレーヌ地方などの譲渡が含まれていたので国民の多くは反発しました。

講和に反対するパリ市民は、国防政府とは別に労働者階級代表を含んだ「自治政府（パリ・コミューン）」を樹立します。これは世界初の社会主義者を含む革命政権といわれますが、停戦を急ぐティエールらは、ドイツ軍の黙認のもとで自治政府を弾圧。「血の1週間」と呼ばれる市街戦を経て、5月に自治政府は壊滅しました。

国防政府は講和条約に正式調印したのち、8月には議会によってティエールの大統領就任が決定されます。続いて1875年に新たな憲法（第三共和政憲法）が制定され、「第三共和政」が確立されました。この憲法では、独裁的な権力集中を防ぐため、行政府と、立法（法律の立案と決定）を担当する議会、司法（法律の正当性の判断）を担当する裁判所を独立させる「三権分立」が明記されます。議会は上院（元老院）と下院（代議院）の二院制で、第二共和政とは異なり、大統領は上院と下院の議員によって選出され、行政府は議会の議員から選出される「議院内閣制」が基本となりました。

フランスでは１７８９年の革命以来、数年から十数年で政治体制が変わることがくり返されてきましたが、第三共和政は約70年続きます。ただし、必ずしも政権は安定しません。富裕市民を代表する共和主義者の右派（保守派）と左派（改革派）、さらに急進的な社会主義者、貴族や聖職者を中心としたレジティミスト（ブルボン朝の復活を唱える勢力）、オルレアニスト（オルレアン朝の復活を唱える勢力）、ボナパルティスト（ナポレオン一族の帝政復活を唱える勢力）などが入り乱れ、政界では小党派が乱立し、内閣の交代が相次ぎます。

19世紀後半に普及したフランス語

第三共和政のもとでは、それまでの国王への忠誠やカトリック信仰に代わる形で、身分や地域の違いを超えて国民の一体感をつくり出すため、あらゆる階層を対象とする義務教育が進められました。当時、西部のブルターニュや南部のプロヴァンスなど各地域によってフランス語とは異なる言語も使われていましたが、学校教育や全国的な出版物の普及によって、19世紀末には全国的に統一されたフランス語が広まります。

ただし、フランス国民の一体化が進む反面、外国出身者を敵視する排外的なナショナリズムも台頭しました。その代表例といえるのが、19世紀末のフランスの世論を騒がせた「ドレフュス事件」です。１８９４年、ユダヤ系の陸軍大尉ドレフュスがドイツのスパイとして逮捕されます。2年後には軍の内部でドレフュスの無罪が判明しますが、その事実は隠されました。愛国心を強く訴える軍や政界の保守派の間では、宗教や文化の異なるユダヤ人に対する差別意識が根強かったためです。高名な作家のゾラをはじめ、多くの人権派文化人や政治家の訴えによっても判決は変わらず、結局１８９９年にドレフュスは恩赦《おんしゃ》され、その7年後にようやく無罪が確定しました。

19世紀には、政界での右派と左派の対立は、一方の旧支配層や名士層、一部の新興経営者と、他方の新興市民層や労働大衆という階層対立に、中小農民たちがからむという、複雑な様相でした。さらに右派の間ではドレフュス事件をきっかけに、ユダヤ人など外国と結びついていると見なされた勢力を敵視し、階層を超えてフランス人の結束を唱える主張が大衆にも浸透します。同時に、こうした動きに対抗する形で、人種や民族を問わず人はみな平等であるという人権思想が広がることにもなりました。

また、近世以来、フランスでは多くの地域でカトリック教会の聖職者が初等教育の教師を兼ねていましたが、第三共和政では１８８０年代から教会と政治や公教育の分離が進められました。１９０５年には「政教分離法」が制定されてカトリック教会の優遇は廃止、政教分離の原則（ライシテ）に基づいて現在まで、国家が特定の宗教や教会を優遇することはないし、国民の信教の自由に干渉《かんしょう》することもない、とされます。

海外進出と日本に与えた影響

第二帝政から第三共和政の時代、フランスは、アジア、アフリカ、オセアニアなど世界各地に植民地を広げます。１８５６年には、イギリスとともに中国大陸の清朝に戦争（アロー戦争、または第二次アヘン戦争）を仕掛け、一時的に北京を占領して、上海や天津にフランスの交易拠点を築きました。

さらに、東南アジアで現在のベトナム、カンボジア、ラオスにあたる地域を支配下に置き、１８８７年に「仏領インドシナ」を成立させます。このほか、南太平洋のニューカレドニア、アフリカ大陸のチュニジア、マリ、ギニア、マダガスカルなどをフランス

19世紀末から20世紀初頭の主な植民地など

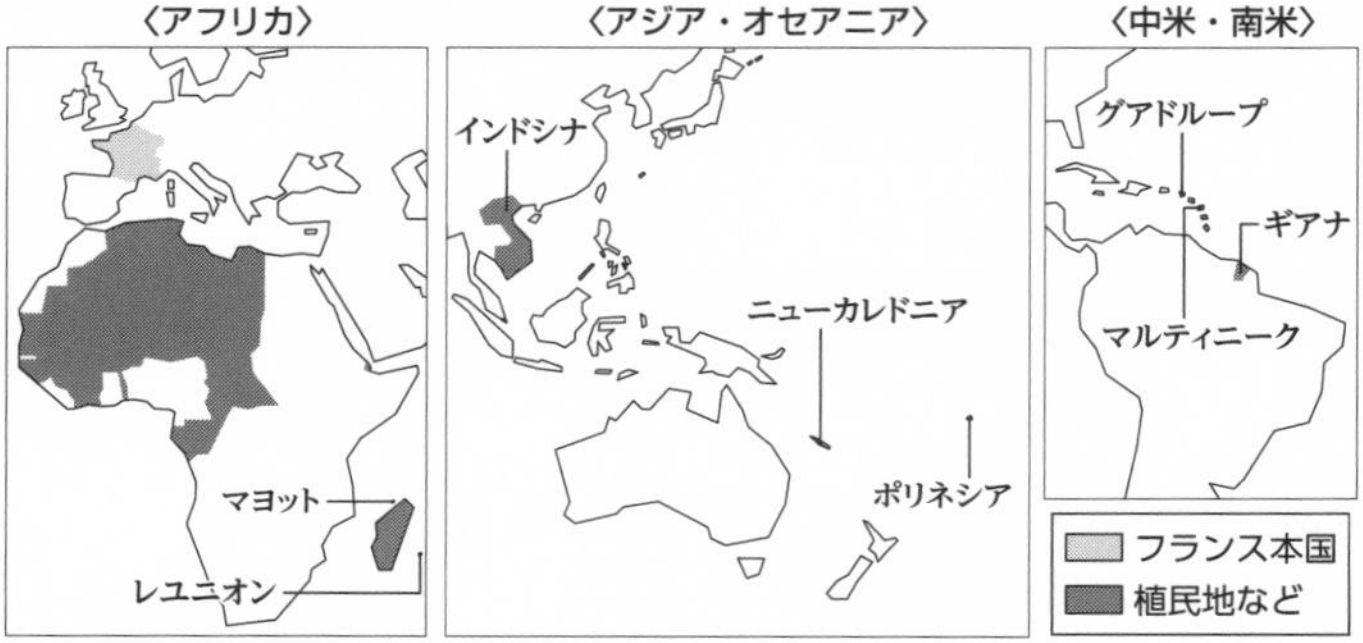

領としました。

欧米では工場や鉄道への投機が過熱しすぎた反動で、１８７３年ごろから深刻な不況が広がりました。このため、フランスのみならずイギリスやドイツなど各国は、世界の各地を支配下に組み入れる植民地帝国主義によって、海外の安価な労働力や資源を手に入れ、交易や投資の拡大や、自国商品を売り込む新たな市場を開拓しようとしたのです。フランスでは第三共和政のもとで、「自由・平等・友愛」が国家の基本原則とされましたが、この理念は20世紀の中ごろまでアジア人やアフリカ人には適用されず、むしろ「未開な地域を文明化する」という考え方によって植民地帝国主義を正当化しました。

海外進出の過程でフランスと日本との交流が生ま

れます。1858年、江戸幕府はアメリカ、オランダ、ロシア、イギリス、フランスの5カ国と修好通商条約（安政五カ国条約）を結びました。翌年、初代フランス駐日公使としてベルクールが着任します。イギリスの武器商人が長州藩をはじめとする倒幕勢力に協力する一方、幕府はフランスから軍事顧問や技術者を招きました。横須賀製鉄所と名づけられた日本初の造船所と製鉄所、世界遺産にも登録されている富岡製糸場の建設には、そうして訪日したフランス人技術者がかかわっています。

明治維新後の新政府（明治政府）は、刑法・民法の原案はナポレオン法典を参考にしており、政府に雇われたフランス人法学者のボアソナードによって起草されました。また、土佐藩出身の中江兆民《なかえちょうみん》はルソーの『社会契約論』を翻訳し、薩摩《さつま》藩と長州藩出身者による権力の独占を批判する自由民権運動が広まる一端となります。

「映画」はフランス人の発明品

ヨーロッパの不況は1890年代まで続くものの、この間にもフランスでは工業技術や文化の発展が進みました。たとえば、技師のエッフェルは、フランス革命から百周年となる１８８９年に開かれた第４回パリ万国博覧会の目玉として、高さ３００メートルを超える「エッフェル塔」を設計・建設しています。フランスの市民たちがアメリカに寄贈した「自由の女神像」の設計にもエッフェルは携《たずさ》わっています。都市部ではしだいに電灯や電話が普及し、１９００年にはパリで地下鉄が開業します。

　１８９５年、リュミエール兄弟がシネマトグラフ（画面に投影する映画）を発明し、作品を公開します。観客は写真が動くことに大いにおどろいたといいます。

　パリには色彩豊かな人物画を多く残した画家のルノワール、『考える人』などで知られる彫刻家のロダン、オランダ出身で個性的な画風が死後に評価されたゴッホといった、多くの芸術家がフランス内外から集まり

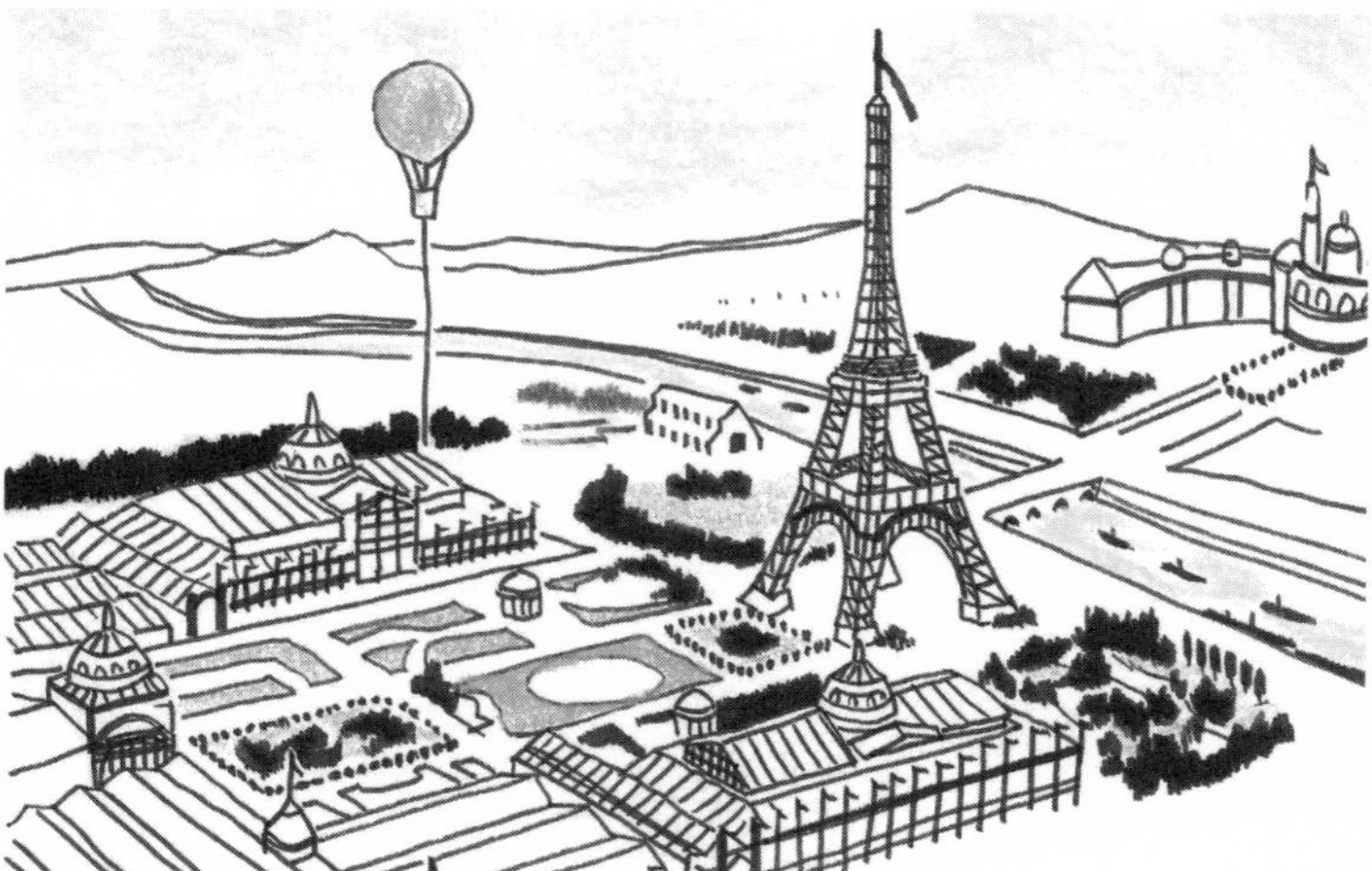

ました。文学でも、風景と内面を重ね合わせた詩を多く残したランボー、ミステリー小説の『アルセーヌ・ルパン』シリーズで国際的に人気を博したルブランなど、さまざまな作家が現れました。

1910年ごろからは、多数の高級注文服が出展されるファッションショーの「パリ・オートクチュール・コレクション」が始まり、これが現在まで続く「パリ・コレクション」に発展します。パリといえば世界的に最新ファッションの発信地というイメージは、この時期から確立したといえるでしょう。

長期の不況を脱した19世紀末から20世紀初頭のフランスは、こうした文化面の豊かさから「ベル・エポック（うるわしき時代）」と呼ばれます。

また1903年、アンリ・ベクレルとキュリー夫妻は、放射線に関する研究が認められてノーベル物理学賞を受賞します。アンリ・ベクレルとピエール・キュリーはパリ出身ですが、ピエールの妻のマリー（キュリー夫人）はポーランド出身です。学業のためにパリのソルボンヌ大学へ入り、ノーベル賞を受賞後は女性として初めて教授職に就任します。死後は霊廟のパンテオンに葬られました。

ひみつコラム

パリ中心市街の歴史的な建物

さまざまな形で宮殿が利用されている

さまざまな歴史の舞台となったパリは、第二帝政期に20の街区が定められ、現在の形となりました。最初に市街が築かれたセーヌ川に浮かぶシテ島の西側とその対岸の一帯を第1区とし、時計回りにらせんを描くように各区が並んでいます。

歴代のフランス王族・皇族が生活した宮殿がパリには数多く残っており、役割を変えて利用されています。たとえば、17世紀前半に建てられたリュクサンブール宮殿（第6区）は上院の議事堂、18世紀前半に建てられたブルボン宮殿（第7区）は下院の議事堂、同じく18世紀前半に建てられたエリゼ宮殿（第8区）は大統領官邸になっています。ルイ14世が幼少期を過ごしたパレ・ロワイヤル（第1区）には、憲法評議会や国務院などが入っています。

政府機関以外としては、有名なルーヴル美術館（第1区）があります。13世紀から宮

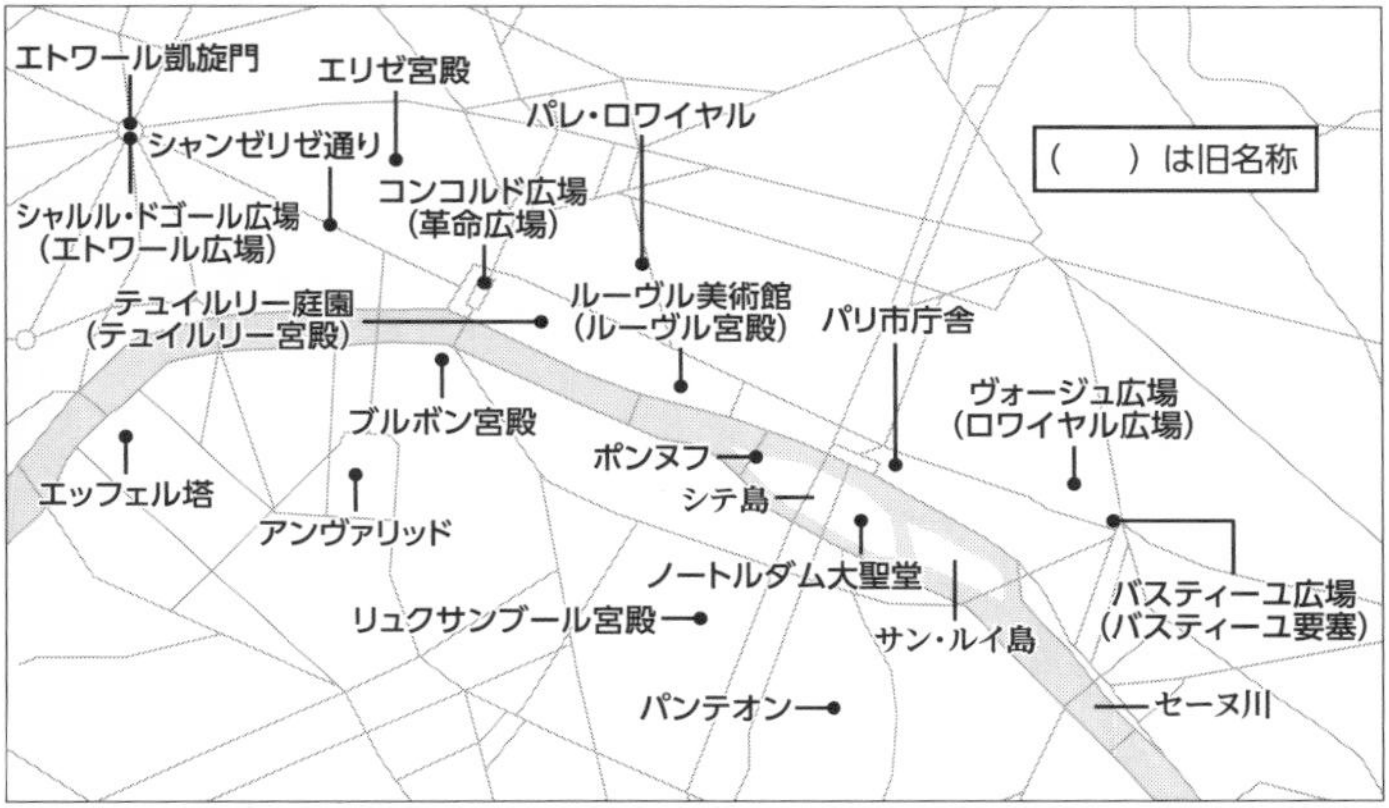

パリの中心市街。ヴェルサイユ宮殿はここから南西へ約20km、フォンテーヌブロー宮殿はここから南東へ約70km に位置する。

殿の1つとして使われていましたが、フランス革命期に美術館へと改装されました。

16世紀に建てられたテュイルリー宮殿は王宮や議会として使われたのち、1871年のパリ・コミューンにともなう内戦で炎上して解体され、庭園になっています。

フランス革命のはじまりの場所であるバスティーユ要塞（第4区、第11区、第12区にまたがる）の跡地は、「七月の円柱」の立つ大きな広場になりました。

ナポレオンが築かせたエトワール凱旋門（第8区）が立つ、シャルル・ドゴール広場から放射状にのびる街路の1つでコンコルド広場に向かうのが、その美しさで知られるシャンゼリゼ通りです。

知れば知るほどおもしろいフランスの偉人⑦

産業革命の時代を生きた「SFの父」

ジュール・ヴェルヌ

Jules Verne

(1828 – 1905)

20世紀における数々の科学技術を予見する

近代的なSF（空想科学小説）を確立したジュール・ヴェルヌは、冒険にあこがれ、12歳のとき船乗りになろうと家出したものの、失敗したと伝えられます。

成人後は証券取引所で働きながら作家を目指しました。当時は科学技術が急速に発達し、未知の地域の探険が進みます。こうした世相のなか、1860年代から『地底旅行』『80日間世界一周』『月世界旅行』『海底2万里』などの作品を発表しました。

ヴェルヌが作品中で描いた巨大な潜水艦や飛行船、宇宙旅行の技術などは19世紀には実在しなかったものの、綿密な考証に基づいて書かれ、後世の現実の科学技術のモデル像にもなりました。

『海底2万里』に登場した潜水艦「ノーチラス号」の名は、ヴェルヌの死後、1954年にアメリカが開発した最初の原子力潜水艦や、小惑星の名にもなっています。

chapter 8

大戦の果てに

世界大戦でつかの間の一致団結

１８７０年の独仏戦争に敗れて以来、フランス共和国ではドイツ帝国への報復感情が根強く残っていました。フランスは、ドイツを挟み撃ちにすべく、ロシア帝国と１８９１年に協定を結び、１８９４年には軍事同盟（露仏同盟）へと発展させます。

また20世紀のはじめにはフランスとグレートブリテンおよびアイルランド連合王国（イギリス）の間で続いていたアジアやアフリカでの植民地獲得競争が落ち着き、両国の勢力圏がほぼ確定しました。そこで、フランスとイギリスの間で勢力を伸ばすドイツが共通の敵に浮上したので、１９０４年に「英仏協商」が結ばれます。ロシアは同時期の日露戦争に敗れたのち、イギリスに同調する外交方針をとり、１９０７年には英露協商が結ばれ、フランス、イギリス、ロシアによる同盟関係「三国協商」が成立しました。

一方のドイツは、かねてより東欧のバルカン半島の覇権をめぐってロシアと対立していたオーストリア・ハンガリー帝国、オスマン帝国との協調を進めます。

１９１４年６月、オーストリアの皇位継承者夫妻がセルビア人の青年に暗殺された事

第一次世界大戦前の各国の関係

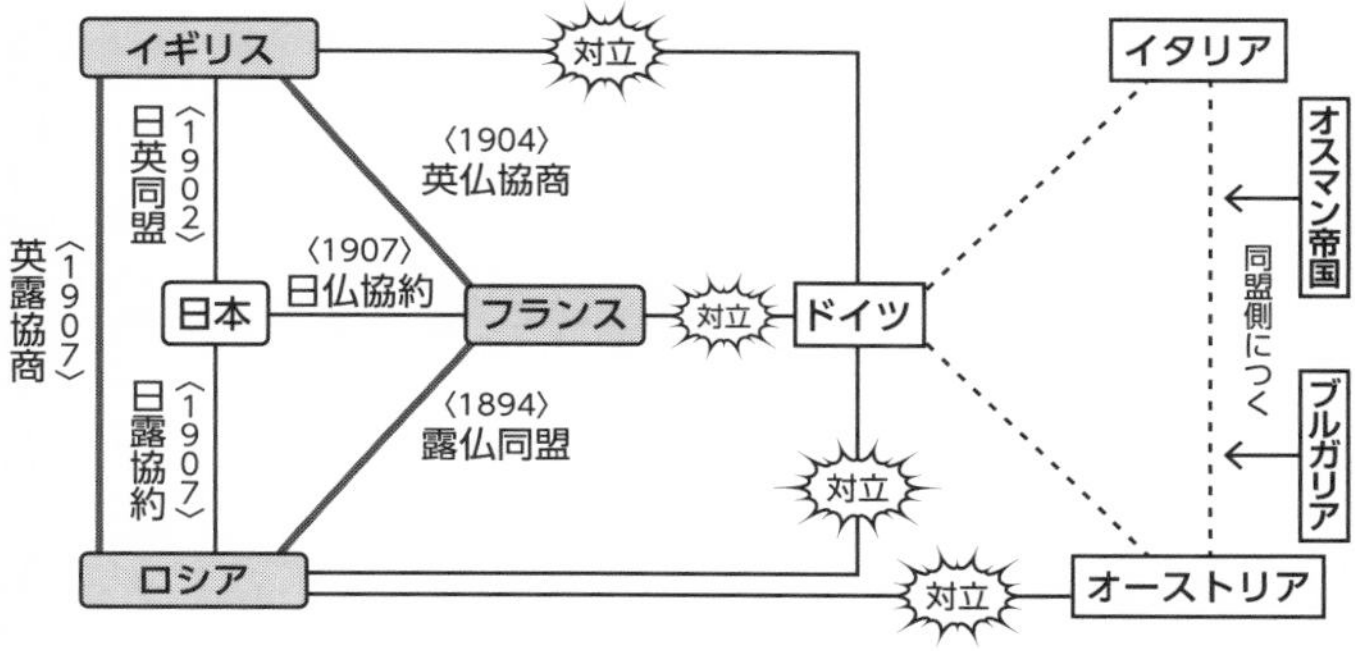

1902年の仏伊協商により、イタリアは第一次世界大戦で連合国につく。

件を契機に、翌7月、バルカン半島で同じスラヴ系のロシアを後ろ盾としていたセルビアと、オーストリアが開戦します。事態は三国協商を中心とする連合国と、ドイツ・オーストリアを中心とする同盟国を次々と巻き込み、第一次世界大戦に発展しました。ドイツ軍が中立を宣言していたベルギーを経由してフランス西北部に侵攻したことから、独仏戦争から40数年ぶりにフランス本土が戦火に見舞われます。

政界では保守系の政党と、社会党など反戦を唱える左派政党の対立が続いていましたが、侵攻したドイツへの敵意を背景にナショナリズムが高まり、全政党が団結した挙国一致内閣「神聖連合（ユニオン・サクレ）」が成立します。

当初、戦争は短期で決着すると思われていましたが長期化し、大量の兵を一度に殺傷できる機関銃などが大々的に投入されたうえ、戦車や戦闘機、毒ガスなどの新兵器が次々と使用されます。フランス軍は開戦からわずか数カ月で独仏戦争を上回る30万を超える戦死者を出し、一時的に政府は南西部の都市ボルドーに移ります。フランス中心の連合軍とドイツ軍がぶつかった西部戦線では、総距離が数百キロメートルにもおよぶ塹壕《ざんごう》が築かれ、最終的に両陣営で百万単位の戦死者が出ました。

前線に出た軍人のみならず、女性も工場労働や食料生産などにかり出され、国民がみな戦争に動員される総力戦となりました。大量の戦死者と物資の不足によりフランス国民には悲観的な空気が漂い、１９１７年に入ると労働組合や社会党の内部からは戦争への非協力を唱える声が高まり、

そのころ、日本では？

第一次世界大戦が始まると日本は日英同盟を理由に、連合国側として参戦。1914年に中国におけるドイツの根拠地である山東半島へと攻め込みます。1917年にはフランスの要請を受けて戦艦を製造。完成した12隻はフランス海軍に運用されました。

政権の足並みはそろいません。同年11月、中道左派の急進共和派が政権を握り、元首相で対ドイツ強硬派のクレマンソーが首相に再任され、戦闘継続を唱える勢力のみで政権を再編。みずから最前線を視察するなど戦意の維持に務めました。

同時期、大戦の情勢を変える大きな動きがありました。大戦の影響で国民が困窮していたロシアで革命（ロシア革命）が起こり、帝政が打倒されて共産党政権が成立。1918年にはドイツと単独講和を結んで連合軍から離脱します。ロシアの共産党はその後、1922年にソビエト社会主義共和国連邦（ソ連）を成立させます。

また、ドイツ海軍が連合国に物資を送るアメリカの民間船を次々と攻撃したことをきっかけに、中立の立場だったアメリカが連合国側について参戦。工業力にすぐれたアメリカの参戦によって、大戦は1918年11月に連合国側の勝利で終わります。ドイツでは大戦末期に革命が起こって帝政が崩壊し、ドイツ共和国が成立しました。

勝ったのに国民生活はどん底

1919年1月、大戦に参加した各国の代表は戦後処理のためヴェルサイユ宮殿に集まります。フランスの代表はクレマンソーでした。「パリ講和会議（ヴェルサイユ講和会議）」が開かれ、戦後の国際秩序について取り決めた「ヴェルサイユ条約」が結ばれます。連合国の中でもドイツに攻め込まれたフランスの被害は甚大でした。それだけにドイツに強硬な姿勢を取り、独仏戦争で奪われたアルザス・ロレーヌ地方を返還させたほか、巨額の賠償金を請求しました。しかし、これらはドイツ側の混乱と不満を招き、のちの第二次世界大戦の一因となります。

　講和会議の翌年には各国が平和的に話し合う機関として「国際連盟」が発足しました。フランスの首相・外相を務めたブリアンは、欧米や日本など15カ国が戦争放棄を取り決めた「パリ不戦条約」の締結を実現させた功績により、ノーベル平和賞を受賞します。

　さらにブリアンはヨーロッパを1つの連邦国家とすることを提唱します。その理念は

後年の「欧州連合（ＥＵ）」に引き継がれることになります。

ただし、こうした国際平和ムードは大国間だけのもので、ドイツの植民地はフランスやイギリスなどの戦勝国によって分割され、欧米列強による植民地帝国主義は維持されました。このため、大国の支配に不満を抱く仏領インドシナや英領インドなど、アジアやアフリカの各地では独立運動が広がっていきます。

戦勝国になったにもかかわらず、第一次世界大戦後のフランス経済は深刻でした。理由は工業地帯の破壊と、とくに労働力の不足です。一説にフランスの戦死者数は、海外からの植民地兵も含めて兵員が約１４０万人、民間人は約30万人で、当時の人口（約４０００万人）のほぼ25人にひとりが失われたことになります。しかも、終戦間際にはヨーロッパでインフルエンザ（スペイン風邪）が大流行して病死者が続出しました。

労働力不足に加えて、国家財政の赤字が重くのしかかりました。戦時中、フランスは戦費調達のためアメリカに多額の債務を背負っており、戦前にロシアへ貸しつけていた債権はロシアの帝政が崩壊した影響で回収できなくなります。当然、フランスは、１９２３年にドイツも困窮していたので賠償金の支払いは進みません。そこでフランスは、１９２３年にドイツ西部の鉱工業地帯であるルール地方を一時的に占領して、ドイツに支払いを迫るほどでした。

経済の停滞で国民の生活が悪化する中、ロシアで起こった社会主義革命の影響もあり、労働者の待遇改善や社会保障の充実を求める運動が活発になり、１９２０年12月に社会党からとくに急進的な勢力が分離して、翌年にフランス共産党が成立します。１９２６年には、右派・中道政権の首相レーモン・ポアンカレが財政再建と、自国通貨「フラン」の大幅な切り下げによる貿易の改善を進めたことで経済はようやく好転し、ドイツによる賠償計画も目途《めど》が立ちました。ちなみに、首相であるポアンカレのいとこが、数学者として名高いアンリ・ポアンカレです。

平和が訪れた１９２０～30年代は、大衆文化や芸術が大いに発展しました。建築では個性的な装飾をほどこした「アール・デコ様式」が流行します。パリでは多彩な歌手やダンサーが出入りしたムーラン・ルージュなどの酒場やカフェがにぎわい、詩人のブルトン、スペイン出身の画家であるピカソなどの文化人が集まり、独創的な表現のシュールレアリズム芸術を広めます。この時期には、パリの自由な空気にあこがれて日本から詩人の金子光晴《みつはる》や芸術家の岡本太郎などが訪仏しました。

勤労者の長期休暇が定着

フランスをはじめとするヨーロッパ各国が大戦で大きな被害を受けた一方、戦場とならなかったアメリカは経済発展を遂げます。ところが1929年、そのアメリカ経済の中心ともいえるニューヨーク株式市場で株価の大暴落が起こります。影響は各国に連鎖して世界恐慌となり、多くの国で投資も貿易も振るわなくなり、不景気に陥ります。

フランスは不況の影響を抑えるため、自国と植民地以外の貿易を控えることで国益を守るブロック経済という政策を取りました。それでも、急進社会党による政権は有効な対策を打ち出せず、閣僚のスキャンダルも発覚。このため、政府を批判する民間の右翼団体による暴動が続発し、議会では右派と左派の対立が深刻化しました。

世界恐慌は敗戦国にも負の影響を与えます。ドイツは巨額の賠償金を抱えていたうえ、国民の景気への不安が増大。そうした国民感情の受け皿として、1933年、ヒトラー率いる、異民族の排撃を唱えるナチ党（ナチス）が支持され、政権を獲得。ほかの政党を排除した独裁体制を築きます。ナチスはフランスやイギリスなどのへの対決姿勢を示し、2年後にはヴェルサイユ条約を破棄して再軍備を宣言します。

危機感を抱いたフランスはドイツの動きを牽制しようとソ連に近づき、「仏ソ相互援助条約」を結びましたが、ドイツはかえって強硬姿勢を強め、1936年3月、ラインラント（ライン川沿岸地方）に軍を駐留させます。ラインラントは、第一次世界大戦後に一度フランスに占領され、非武装地帯とされていた地です。

ドイツでナチスが独裁的政権を成立させたことを脅威ととらえ、左派勢力の主導権争いをしていた社会党と共産党は協力関係を結びます。これにより、1936年には社会党のレオン・ブルムを首班に左派政党が結集した「人民戦線内閣」が成立しました。これ以前にも左派政党が政権に参加したことはありましたが、人民戦線内閣はフランス史上初となる合法的に成立した社会主義政党の政権です。

労働組合を有力な支持基盤とした人民戦線内閣は、労働者の待遇改善を進め、2週間の有給休暇（ヴァカンス）制度を法律で定めました。この政策は現代まで引き継がれて5週間に延長され、フランス人の旅行好きをうながしています。

わずか2カ月半でパリ陥落

1930年代後半の国際情勢では、フランスやイギリス、アメリカなど議会制民主主義をとる国々と、ドイツのナチス政権やイタリアで成立したファシスト政権といったファシズム（国家主義や全体主義）を掲げた国家、共産党政権のソ連の3勢力の緊張関係が続きます。

フランスの政界はドイツとの再戦を避けるため、ナチス政権の行動を黙認するという外交方針（宥和《ゆうわ》政策）を取ります。自信を強めたドイツは、1938年3月にオーストリア共和国を自国に併合します。フランス首相のダラディエとイギリス首相のチェンバレンは、同年9月のミュンヘン会談においてドイツがさらにチェコスロバキアのズデーテン地方を併合することも認めます。しかし、この判断が事態の悪化を招きます。

当時のドイツは西方のフランスだけでなく、東方のソ連とも対立関係にありましたが、1939年8月に独ソ不可侵条約を結びます。当面のソ連の脅威を回避したドイツは同年9月にポーランドに侵攻しました。妥協を重ねていたフランスとイギリスもこれ以上は見過ごせず、ドイツに宣戦布告。第二次世界大戦が勃発します。

ポーランドを占領したドイツは、翌年にはイタリア、日本と軍事同盟を結ぶ一方、兵力を整えたうえで5月にはフランスへ侵攻します。第一次世界大戦後、フランスはドイツ軍の侵攻を想定して、ドイツとの国境地帯に長大な防御陣地（マジノ線）を築いていましたが、最新の戦車隊と航空隊を備えたドイツ軍はルクセンブルクなど他国を経由して想定外のルートからフランスへ侵攻。わずか6週間でドイツ軍がパリへ迫ります。

フランス政府と軍の上層部は前大戦での悲惨《ひさん》な体験から戦闘に消極的で、政府は6月10日にパリを放棄して南部のボルドーへ移ります。そして軍の長老として首相に担《かつ》ぎ出された陸軍元帥のペタンは、6月22日に占領下のパリにお

そのころ、日本では？

インドシナ半島での勢力拡大をねらった日本は、1940年に成立したフランスのヴィシー政権に迫り、仏領インドシナへと進駐しました。これをアメリカは侵略と判断。日本への石油の供給を禁止したことから両国の関係が悪化し、1941年に開戦する太平洋戦争へと発展します。

いてドイツとの休戦に応じました。ただし、徹底抗戦を唱える陸軍次官のシャルル・ドゴールら一部のフランス軍人と、イギリスが派遣した部隊などの残存兵力はイギリスへ逃れます。

屈辱のドイツ占領時代

パリを含むフランス北部（国土の5分の3の地域）はドイツ軍の占領下に置かれ、約70年続いた第三共和政は廃止され、ヴィシーを首都とする「フランス国（ヴィシー政権）」が成立。ドイツに追従する政策を取ります。

ヴィシー政権の元首となったペタンは非常に復古的な価値観の持ち主で、共和政での「自由・平等・友愛」という標語を「勤労・家族・祖国」にかえて、国民の選挙による議会と労働組合を廃止し、カトリック教会の道徳観に基づいた学校教育の復活や、国民の勤労動員をうながします。

当時のフランス政界における右派勢力の中には、社会主義者やユダヤ人を敵視し、同じ方針のナチス政権に協力する人が多くいました。そのため、ドイツの占領地域とヴィ

ヴィシー政権時のフランス

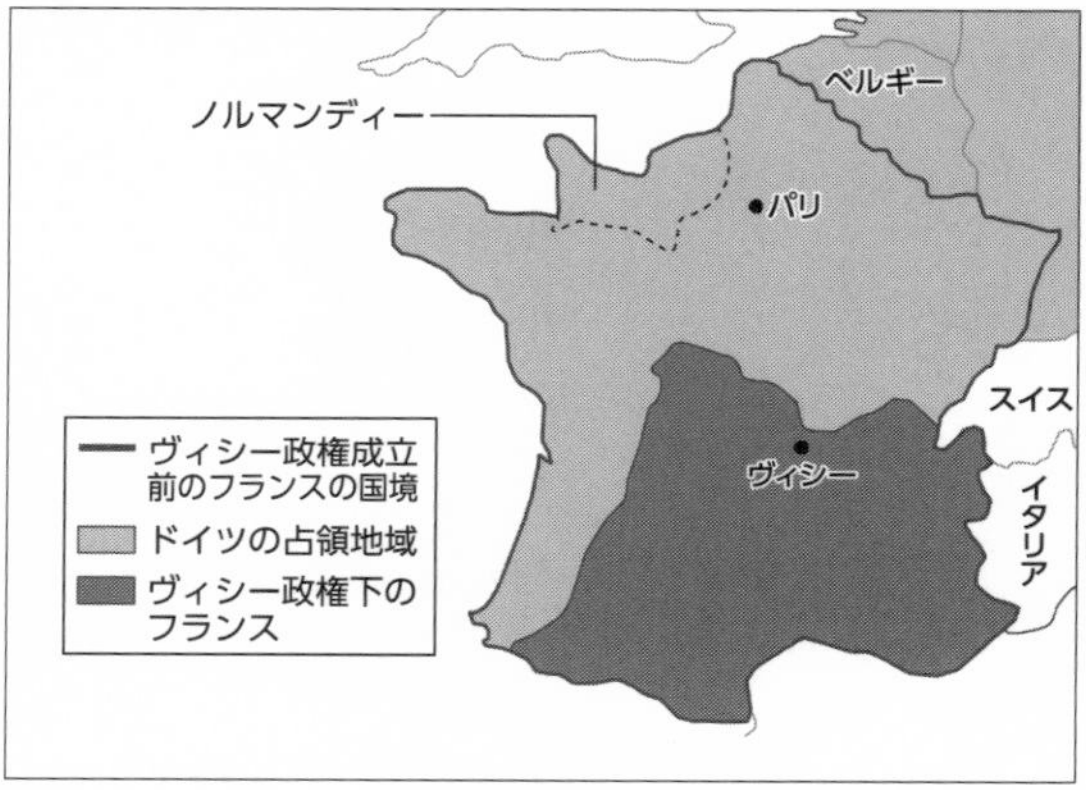

シー政権下のフランスでは、ユダヤ人やドイツ軍に敵対する人物が、何万人も投獄され、処刑されています。ドイツが１９４１年6月に独ソ不可侵条約を破棄してソ連と開戦すると、一部のフランス人もソ連軍との戦闘に徴用されます。アジアでのフランス領インドシナはヴィシー政権に従い、ドイツと同盟関係にあった日本軍の駐留を認め、１９４１年12月に日本がイギリスやアメリカに宣戦布告して以降は、物資の供給などで日本に協力します。

当初、ヴィシー政権の性格が読めない連合国側は、イギリスを除き、米ソをはじめ外交関係を保持しました。他方、イギリスに脱出したドゴールらは亡命政府「自由フランス」を結成して、ロンドンからラジオ放送でフランス国民に抵抗を呼びかけるとともに、アフリカなどのフランス植民地の兵力を次々と糾合《きゅうごう》していきます。

一方のフランス国内では、愛国的な一般市民、労働大衆、共産党員、一部の教会関係者などが、それぞれドイツに対するレジスタンス（抵抗運動）をくり広げました。地方行政官だったジャン・ムーランは国内レジスタンスの統一を進め、1941年からドゴールとの協力関係を築きます。その2年後、統一組織の結成直後にドイツの秘密警察に捕らわれたジャン・ムーランは、拷問《ごうもん》を受けて死に至りますが、戦後に英雄とされ、フランス革命以降の偉人らが眠るパンテオンに葬られます。

ジャン・ムーランを失ったのちも、国内のレジスタンスはドイツ軍への妨害工作や連合国への情報提供を続けました。

広大なソ連を含めて各地で戦争を展開したドイツは、徐々に劣勢となり、1944年6月にフランス北部のノルマンディーに連合国軍が大軍を上陸させます。自由フランスからフランス国民解放委員会を経て、同年6月には共和国臨時政府を名乗っていたドゴールたちの軍勢や、一斉攻撃に呼応したレジスタンスが次々と決起して、8月25日にはパリが解放されました（パリ解放）。フランスからドイツ軍が撤退するとともにヴィシー政権は崩壊します。26日にはパリでドゴールが凱旋パレードを行いました。長らく国外にいたドゴールは、左派の国内レジスタンスが戦後政治の主導権を握ることを警戒していましたが、連合国はドゴールの率いる臨時政府を正当な政権として承認します。

なお、パリ解放の1カ月ほど前、小説『星の王子さま』の著者として知られるサン・テグジュペリが自由フランスの空軍として偵察の任務中に行方不明になり、2000年に搭乗していた飛行機の残骸が確認されています。

その後、追いつめられたドイツは1945年5月に降伏、続いて8月にドイツと同盟関係にあった日本も降伏し、第二次世界大戦は連合国側の勝利に終わります。

戦後の「栄光の30年」

共和国臨時政府が権力を握ると、戦時中ドイツに協力した右派の政治家や官僚は公職から追放され、市民による私刑も起こりました。議会では、レジスタンス出身者が多く属していた社会党、共産党、人民共和運動（キリスト教系の中道政党）の3党が多数派となります。3党の連立政権は多くの政治改革を進め、1945年10月の国民議会総選挙で初めての女性参政権が実現しました。フランス革命時の1792年に世界で初めて男性による普通選挙がフランスで実施されてから約150年後のことでした。

政党が嫌いだったドゴールは保守派と軍から支持されていましたが、社会党や共産党とは対立。1946年1月に下野《げや》し、社会党が政権を握ります。同年10月には新憲法が採択され、役割を終えた共和国臨時政府に代わり、「第四共和政」がスタートします。

第四共和政は、第三共和政と同じく、議会によって選ばれた大統領を国家元首とする議院内閣制でしたが、大統領の権限は縮小され、議会（上院と下院）と首相と内閣の権限が拡大されます。このとき、下院の名称がフランス革命時と同じ「国民議会」となり、

戦後の政党の変遷

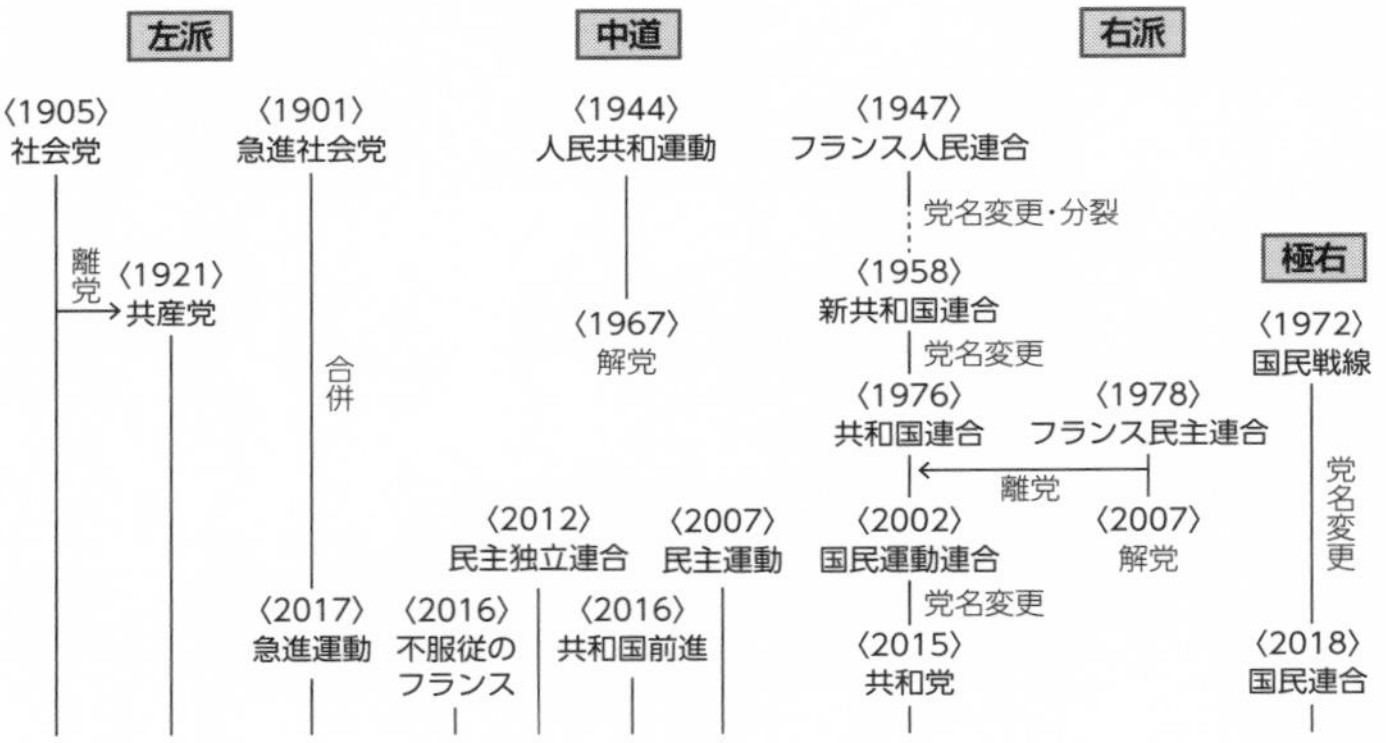

現在まで呼称は変わっていません。

第四共和政の初期は、社会党のオリオールとラマディエが大統領と首相を務めましたが、社会党と共産党の対立のほか、ドゴール派のフランス人民連合などの保守政党の勢力拡大もあって政権は安定せず、１９５８年まで平均６カ月で内閣が交代する状態が続きます。

戦後のフランス政界での右派と左派の対立の背景には、アメリカを中心とする自由主義陣営（西側諸国）と、ソ連を中心とする社会主義陣営（東側諸国）の国際的な対立関係（東西冷戦構造）がありました。ソ連の軍事的な脅威のもとで保守政党（右派）が支持を伸ばし、のちに左派からもソ連共産党の独裁体制を批判する声が広がります。

経済政策では戦後の復興を計画的に進めるため、主要な産業を政府が管理していた戦時中の方針がはじめ引き継がれ、石炭や電気、ガスなどをあつかう大企業が国有化されました。また、ソ連に対抗するためアメリカが、フランスをはじめとした西欧諸国に対して経済支援政策「マーシャル・プラン」を実施します。戦後復興とそれに続く経済成長によって、フランスでは1970年代半ばまで「栄光の30年」と呼ばれる商工業の発展が続きました。

戦後のドイツは、自由主義の西ドイツ（ドイツ連邦共和国）と社会主義の東ドイツ（ドイツ民主共和国）に分割され、冷戦の最前線になっていました。フランス外相のシューマンは、西ドイツとの関係改善を兼ねて西欧諸国の経済協力を唱え、1952年に、「ヨーロッパ石炭鉄鋼共同体（ECSC）」を発足させます。これが1958年には「ヨーロッパ経済共同体（EEC）」に発展し、加盟国の間で関税を撤廃することや労働力の移動の自由などを定めました。1967年にはほかの西欧の国際機関とも統合されて「ヨーロッパ共同体（EC）」と改称します。

移民と植民地をめぐる摩擦

フランス経済の拡大とともに、労働力の不足が深刻化しました。そこで、北アフリカなどフランス語圏の植民地・旧植民地からの移民受け入れが進みます。1950年代は20万人ほどだったフランスにおけるアルジェリアやモロッコの出身者数は、1975年には約100万人に増えます。ところが、多くの移民は低賃金のため劣悪な環境で生活し、その子どもの代にも貧困が連鎖するという問題が生まれます。

20世紀半ばから植民地では、しだいにフランスによる抑圧や経済支配に対する反発が募り、フランス留学経験を持つ高学歴層を中心に独立を唱える声が高まります。フランス国内でも植民地帝国主義は過去のものという意識が広まっていきました。

仏領インドシナでは、日本の統治下で1945年3月に安南《あんなん》王国（現在のベトナム社会主義共和国）とカンボジア王国、4月にルアンプラバン王国（現在のラオス人民民主共和国）が独立を宣言しますが、終戦後はフランスの支配が復活します。ベトナム北部以外は1950年代に独立が承認されたものの、自由主義陣営の南ベトナム（ベトナム共和国）と、ソ連の支援を受けた北ベトナム（ベトナム民主共和国）は争い続けました。

フランスは１９５４年に撤退しましたが、１９６０年代に入ると、東南アジアでの社会主義陣営の拡大を恐れるアメリカが南ベトナムに介入して戦闘が激化（ベトナム戦争）。北ベトナムの抵抗に苦しんだアメリカは、１９７３年に結ばれたパリ協定で撤退を決定し、この2年後に南ベトナムは降伏しました。１９７６年にようやく南北ベトナムは統一され、第二次世界大戦の終戦後から続いた戦乱は終結します。

このほか、アフリカ大陸のマリ、チャド、セネガルなどの旧フランス植民地の大部分も１９６０年代に次々と独立します。ただし、フランスやイギリスなどの旧支配国が一方的に定めた国境線や現地民に対する宗教や言語の教育によって、旧植民地では民族や文化の分断が生まれ、それが現在まで続く内乱や紛争の一因となっています。

フランス植民地の中でも、とくにアルジェリアに定住していた多くのフランス人は特権的立場を確立していたため、反発する現地のアルジェリア人によって独立戦争が起こされました（アルジェリア戦争）。

フランス政府は独立運動の鎮圧をはかりますが、戦闘は長期化し、軍事費が財政を圧迫、フランス国内で独立を認める声が広がります。しかし、現地フランス軍は戦闘を拡大し、そればかりか本国に対して反乱を起こします。このため、軍に強い影響力を持つドゴールが事態の収拾に動き、1958年6月に首相の座に復帰しました。

アメリカ嫌いのドゴール

ドゴールは首相再任の3カ月後、強い指導力を発揮するため大統領の権限を拡大した新憲法（第五共和政憲法）を提案。国民投票で承認され、1958年10月に制定されます。そして12月の地方議会の議員による選挙の結果、翌年、ドゴールは大統領に就任しました。さらに1962年以降は国民の直接選挙で大統領を選ぶことが憲法で規定されます。こうして第四共和政は10年ほどで終わり、新たに確立されたのが「第五共和政」であり、現在のフランスの政体です。

第五共和政は、アメリカの大統領制のように国民による直接選挙で選ばれたことを背景として強い権限を持つ大統領と、大統領の任命もしくは下院から選ばれた首相とが行政権を分担する政体です。「半（準）大統領制」とも呼ばれるこの政体は、現在ではロシア連邦など数えるほどの国家しか採用していません。なお、異なる政党の大統領と首相とが協力して政権を担う「コアビタシオン（保《ほ》革《かく》共存）」、つまり左派政党の大統領と右派政党の首相、右派政党の大統領と左派政党の首相が就くこともあります。

大統領となったドゴールはアルジェリアの独立を容認する立場を取り、フランスの国民の大半も支持します。一方アルジェリアで反乱を起こした一部のフランス軍を鎮圧し、アルジェリアの独立派と休戦協定を結びます。そして、フランス本国の国民投票を経て行われたアルジェリアでの投票の結果、１９６２年にアルジェリアは独立しました。

アメリカとソ連の冷戦体制のもとで、ドゴールはフランスの大国としての存在感を取り

第五共和政の構造

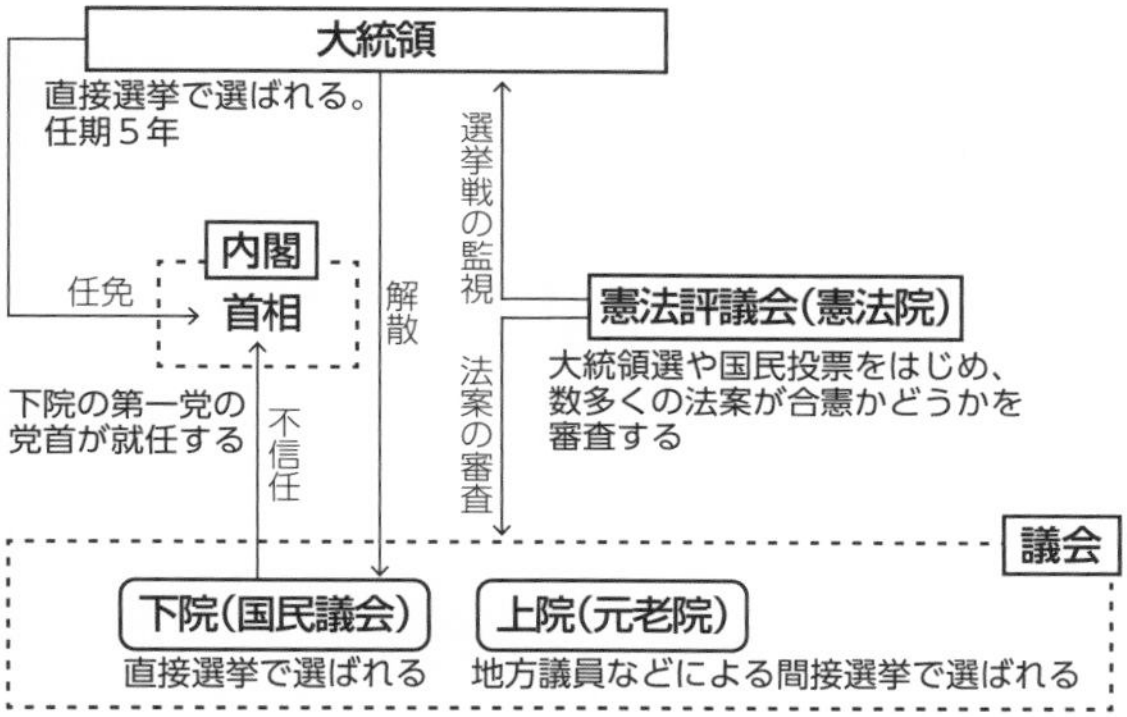

もどすことを掲げ、外交や軍事でアメリカに追従しない独自路線を進めます。国防力を高めるため、1960年には原子爆弾を開発。アメリカや日本に先駆けて、ソ連と距離を置いていた中華人民共和国（中国）と1964年に国交を樹立しました。その2年後には、アメリカと西欧各国の軍隊で構成される「北大西洋条約機構（NATO）」から脱退します（2009年に復帰）。

1960年代を通じて、フランスではひとり当たりの国民所得が2倍近くも伸び、自動車メーカーであるルノーがつくった廉価《れんか》な自家用車が大量に普及したほか、超音速旅客機のコンコルドをイギリスと共同開発するなど、工業技術も発達します。しかし、地方は発展から取り残され、大卒者の就職先は少なく、貧富の差もなかなか改善されませんでした。このため、若い世代を中心に、しだいにドゴール政権への反発が高まります。

1968年5月にはパリの学生をはじめ各地の労働者・農民が、「五月革命（五月危機）」と呼ばれる大規模な反政府運動を起こしました。運動を力で抑えつけようとしたドゴールは国民の支持を失い、翌年には退陣を余儀なくされます。

第二次世界大戦以降の国民的指導者としてのドゴールの評価はフランス国内で高く、

エトワール凱旋門が立つ場所は1970年以来、「シャルル・ドゴール広場」と呼ばれます。1974年に開港したフランス最大の空港が「シャルル・ドゴール国際空港」と名づけられるなど、フランス各地にドゴールの名を冠した建物や通りが存在します。

1970年代後半以降のフランス政界は、左派の社会党と、右派でフランス人民連合の流れをくむ共和国連合（のちの国民運動連合・共和党）が2大勢力になります。

20世紀後半の激動の中、フランス文化は世界的な注目を集め続けます。『異邦人』を執筆した作家のカミュ、哲学者のサルトルの著作は日本でも広く読まれました。1950～60年代には、映画監督のゴダール、トリュフォーらによって「ヌーヴェルヴァーグ」と呼ばれる個性的な映画が次々と製作されて話題を呼びます。精神医学や社会制度の歴史を研究したフーコー、未開部族の文化を研究したレヴィ・ストロースなど、近代の価値観を見直す独特な視点を持った学者が次々と現れました。

左派と右派が共存の政権に

1970年代に入ると、アメリカによるドルと金の兌換《だかん》停止と国際通貨の変動相場制への変更があり、世界経済は混乱します。いわゆる「ドル・ショック」と呼ばれるできごとです。さらに、中東でイスラエルと敵対するアラブ諸国が、イスラエルを支援するアメリカやフランスなどの先進国への石油の輸出を制限し、「オイルショック」が起こります。この2つの要因からフランスの経済は低迷します。

ほかの先進国は財政支出の削減をはかり、イギリスは水道局を民営化したり、日本は電話局と国有鉄道を民営化しました。フランスはそれらと一線を画して、1981年に社会党のミッテランが大統領に選出され、大企業を国有化して勤労者の雇用や給与の安定をはかりました。しかし、大きな成果は得られず、1986年には総選挙で大統領と対立する保守派が勝ち、共和国連合から首相が選ばれたことから、保革共存に陥ります。

ミッテラン政権2期目の1989年には、東欧諸国の社会主義政権が崩壊、冷戦体制が終わります。ヨーロッパでは、1993年には「マーストリヒト条約（欧州連合条約）」が発効されて、「欧州連合（EU）」が成立します。加盟国の間では関税と入国の査証が廃止され、2002年からは、フランスは自国通貨のフランをEU共通の「ユーロ」に切りかえました。

1995年には、ミッテラン政権時代の中期に首相を務めたシラクが大統領に就任します。共和国連合に属したシラクはドゴールの外交方針を引き継ぎ、2003年に勃発したイラク戦争ではアメリカに同調せず出兵を控えました。

グローバル化の中のフランス

アジアやアフリカの旧フランス領の大部分は20世紀中に独立しましたが、中米のマルティニーク、南米のギアナ、インド洋のレユニオン、南太平洋のタヒチ、ニューカレドニアなどは、今も海外県あるいは海外領土という位置づけで、フランスの領土です。このため、フランスが世界の海に持っている排他的経済水域（沿岸の国が水産資源や鉱物資源を得る権利が認められる海域）は、1100万平方キロメートル（フランス本土の面積の約20倍）と世界2位の広さを誇り、じつはフランスは屈指の海洋大国といえます。

21世紀の現在、フランスの人口は約6700万人ですが、世界各地に散らばる海外領土・海外県や旧フランス領も含めた世界的なフランス語の使用者は、1億2000万人～1億7000万人にもおよぶと推定されています。

フランス本土でも人種や民族の多様化が進み、現代では外国にルーツを持っていても「フランス語を話す者は同じフランス人」という考え方と、宗派を問わずあらゆる宗教や信仰から政治を中立に置く方針がとられています。それでも、イスラム教の習慣を維持する中東系移民との衝突やテロ事件もたびたび発生しています。

2007年には国民運動連合から、ハンガリー移民の血を引くニコラ・サルコジが大統領に就任しました。続いて2012年には社会党のオランドが大統領となりますが、社会党と共和党（旧国民運動連合）という2大政党は、移民との摩擦、貧富の格差や失業率の改善などの諸問題について大きな成果を挙げられない状態が続きます。こうした中、2017年には新興勢力の共和国前進を率いるエマニュエル・マクロンが、史上最年少の39歳で大統領に就任しました。しかし、排外的な極右勢力の台頭や、政府の財源を確保するための税収の安定など多くの問題を抱えています。

中世には西ローマ帝国解体後の西欧再編の中心となり、のちには「自由・平等・友愛」の理想を掲げて近代国家の先駆となったフランスは、今もヨーロッパが直面するさまざまな課題の最先端に立っているのです。

知れば知るほどおもしろいフランスの偉人⑧

パリのモード界の女王

ココ・シャネル

Coco Chanel

(1883 – 1971)

女性の手でファッションの革命を起こす

ルイ・ヴィトン、ディオールなどとともにフランスを代表するファッションブランドはシャネルでしょう。その創業者ココ・シャネル（本名はガブリエル・シャネル）は、孤児院で育ち、18歳からカフェの歌手や洋装店員として働き、1910年にパリで帽子屋を開業しました。

当時の女性は体型を維持するためコルセットを身につけるのが通例でしたが、第一次世界大戦中、シャネルは柔軟な素材のジャージーを用いた女性服を発売します。戦後に女性の社会進出が拡大するなか、動きやすさと美しさを兼ねたシャネルのファッションは国際的に広まります。香水も発売し、人気商品の「No.5」は、アメリカの女優のマリリン・モンローも愛用しました。

生涯を独身のまま自由に生きましたが、ヨーロッパ各国の貴族や軍人とも浮き名を流し、多くの芸術家や政治家と広い交友を持っていたことでも知られています。

フランスの歴史 年表

この年表は本書であつかったフランスを中心につくってあります。

下段の「世界と日本のできごと」と合わせて、理解を深めましょう。

年代	フランスのできごと	世界と日本のできごと
〈紀元前〉		〈紀元前〉
旧石器時代	クロマニョン人が現れる	日本 人類が日本列島に住み始める（旧石器時代）
新石器時代	カルナック列石がつくられる	世界 ストーンヘンジの建設（新石器時代）
5世紀ごろ	ケルト人（ガリア人）が定住するようになる	世界 サラミスの海戦（480）
2世紀	ゲルマン人がガリアに侵攻する	世界 前漢の武帝が儒教を国教化（136）
58	ガリア戦争が起こる	日本 後漢の皇帝から金印を授かる（57）
27	ローマは属州となった地域（ガリア）を4分割する	世界 ローマが帝政となる（27）
〈紀元〉		〈紀元〉
260	ローマ帝国の混乱に乗じて、ガリア帝国が成立する	日本 壱与が晋に使者を送る（266）
274	ローマ帝国がガリア帝国を滅ぼす	世界 晋が中国を統一（280）

395	ガリアが西ローマ帝国の支配下に置かれる	世界 ローマ帝国が東西に分裂（395）
476	西ローマ帝国が滅び、ゲルマン人国家が割拠する	日本 倭王の武が宋に使者を送る（478）
481	フランク王国（メロヴィング朝）が成立する	世界 北魏の孝文帝が均田制を実施（485）
732	トゥール・ポワティエ間の戦いが起こる	日本 長屋王の変（729）
751	フランク王国（カロリング朝）が成立する	世界 アッバース朝が成立する（750）
756	ピピン3世がローマ教皇に領地を寄進する	世界 安史の乱（755）
800	シャルルマーニュがローマ教皇から帝冠を授けられる	日本 平安京に遷都（794）
870	西フランク王国が成立する	世界 アルフレッド王が即位（871）
987	カペー朝が始まる	日本 寛和の変（986）
1147	ルイ7世が第2回十字軍遠征に参加する	世界 ポルトガル王国が成立（1143）
1190	フィリップ2世が第3回十字軍遠征に参加する	日本 源頼朝が征夷大将軍に就任（1192）
1248	ルイ9世が第6回十字軍遠征に参加する	日本 御成敗式目が制定（1232）
1302	フィリップ4世のもとで三部会が初めて開かれる	世界 オスマン帝国が建国（1299）
1309	アヴィニョンに教皇庁が移される	日本 後醍醐天皇が即位（1318）
1328	ヴァロワ朝が始まる	世界 モスクワ大公国が建国（1328）

年代	フランスのできごと	世界と日本のできごと
1339	第一次百年戦争が始まる	日本 室町幕府が開かれる（1336）
1358	ジャックリーの乱が起こる	日本 足利義満が3代将軍に就任（1368）
1453	第一次百年戦争が終結する	世界 東ローマ帝国が滅亡（1453）
1494	イタリア戦争が始まる	世界 植民地分界線が引かれる（1494）
1516	ローマ教皇とボローニャ政教協約を結ぶ	世界 ルターの宗教改革が始まる（1517）
1559	イタリア戦争が終結する	日本 桶狭間の戦い（1560）
1562	ユグノー戦争が始まる	日本 第四次川中島の戦い（1561）
1589	ヴァロワ朝が終わり、ブルボン朝が始まる	日本 豊臣秀吉が日本を統一（1590）
1598	ナント王令が発布される	世界 東インド会社の設立（1600）
	ユグノー戦争が終結する	日本 関ヶ原の戦い（1600）
1635	フランス・スペイン戦争が始まる	日本 島原の乱（1637）
1648	フロンドの乱が起こる	世界 三十年戦争が終結（1648）
1653	フロンドの乱が終結する	日本 由井（由比）正雪の乱（1651）
1659	フランス・スペイン戦争が終結する	世界 清の康熙帝が即位（1661）

1685	フォンテーヌブロー王令が発布される	世界 イングランドで名誉革命（1688）
1689	第二次百年戦争が始まる	日本 最初の生類憐みの令が発布（1685）
1789	フランス革命が始まる	世界 アメリカ合衆国憲法が制定（1787）
	人権宣言が採択される	日本 寛政の改革が始まる（1787）
1791	フランス史上初の憲法が制定される	世界 ピルニッツ宣言（1791）
1792	フランス革命戦争が始まる	世界 ワシントンが大統領再選（1792）
	王政が途絶え、第一共和政が始まる	日本 ラクスマンが根室に来航（1792）
1793	刑が執行され、ルイ16世が命を落とす	世界 第一次対仏大同盟を結成（1793）
1799	クーデターで統領政府が樹立される	世界 白蓮教徒の乱（1796）
	フランス革命が終わる	日本 蝦夷地の直轄化（1799）
1801	ローマ教皇とコンコルダートを結ぶ	世界 連合王国（イギリス）が成立（1801）
1804	第一共和政が終わり、第一帝政が始まる	日本 レザノフが長崎に来航（1804）
1806	大陸封鎖令が発布される	世界 神聖ローマ帝国が滅亡（1806）
1814	ナポレオンが失脚し、第一帝政が終わる	日本 ゴローニン事件（1811）
	ブルボン朝が復活し、第一次復古王政が始まる	世界 ウィーン会議が開かれる（1814）

年代	フランスのできごと	世界と日本のできごと
１８１５	第二次百年戦争が終結する	世界 ウィーン体制開始（１８１５）
	百日天下を経て、第二次復古王政が始まる	日本 大日本沿海輿地全図が完成（１８２１）
１８３０	ブルボン朝が終わり、オルレアン朝が始まる	世界 ベルギーが独立（１８３０）
１８４８	二月革命により、第二共和政が始まる	世界 清で太平天国の乱（１８５１）
１８５２	ナポレオン３世により、第二帝政が始まる	日本 ペリーが浦賀に来航（１８５３）
１８７０	ナポレオン３世が失脚し、第二帝政が終わる	日本 明治時代が始まる（１８６８）
１８７１	パリ・コミューンが樹立されるも崩壊する	世界 ドイツ帝国が成立（１８７１）
１８７５	第三共和政が始まる	日本 樺太・千島交換条約（１８７５）
１８８９	パリで万国博覧会が開かれる	日本 大日本帝国憲法が公布（１８８９）
１９０７	イギリス、ロシアと三国協商を結ぶ	日本 日露戦争が勃発（１９０４）
１９１４	ドイツの宣戦布告を受け、第一次世界大戦に参戦する	世界 第一次世界大戦が勃発（１９１４）
１９３６	社会主義政権が初めて樹立される	日本 二・二六事件（１９３６）
１９３９	イギリスとともに、ドイツに宣戦布告する	世界 第二次世界大戦が勃発（１９３９）
１９４０	パリがドイツ軍に占領される	日本 日独伊三国同盟を締結（１９４０）

	ヴィシー政権が成立し、第三共和政が終わる	日本 太平洋戦争が勃発（1941）
1944	パリがドイツ軍から解放される	世界 カイロ宣言（1943）
1945	女性の参政権が初めて実現される	日本 ポツダム宣言を受諾する（1945）
	国際連合の常任理事国となる	世界 国際連合が設立（1945）
1946	第四共和政が始まる	日本 日本国憲法が公布（1946）
1952	発足したヨーロッパ石炭鉄鋼共同体の加盟国となる	世界 サンフランシスコ講和会議（1951）
1954	アルジェリア戦争が始まる	日本 自衛隊の設立（1954）
1958	第四共和政が終わり、第五共和政が始まる	日本 国際連合に加盟（1956）
1960	核保有国となる	世界 アフリカの17カ国が独立（1960）
1962	アルジェリア戦争が終結する	世界 キューバ危機（1962）
1966	北大西洋条約機構（NATO）を脱退する	世界 文化大革命が始まる（1966）
1968	五月革命の影響でドゴールが失脚する	日本 小笠原諸島の返還（1968）
1993	発足したEUの加盟国となる	日本 55年体制が終わる（1993）
2002	フランに代わって、ユーロが通貨となる	世界 アフリカ連合が発足する（2002）
2009	NATOに復帰する	世界 リーマン・ショック（2008）

参考文献

『教養としての「フランス史」の読み方』福井憲彦(PHP研究所)
『フランス史 新版世界各国史12』福井憲彦編著(山川出版社)
『フランス史10講』柴田三千雄(岩波新書)
『フランスの歴史』ロジャー・プライス著/河野肇訳(創土社)
『図説フランスの歴史』佐々木真(河出書房新社)
『パリ・フランスを知るための44章』梅本洋一、大里俊晴、木下長宏監修(明石書店)
『カペー朝 フランス王朝史1』佐藤賢一(講談社現代新書)
『ヴァロワ朝 フランス王朝史2』佐藤賢一(講談社現代新書)
『図説ブルボン王朝』長谷川輝夫(河出書房新社)
『ブルボン朝 フランス王朝史3』佐藤賢一(講談社現代新書)
『聖なる王権ブルボン家』長谷川輝夫(講談社選書メチエ)
『図説ルイ14世 太陽王とフランス絶対王政』佐々木真(河出書房新社)
『世界史リブレット人54 ルイ14世とリシュリュー』林田伸一(山川出版社)
『図説フランス革命史』竹中幸史(河出書房新社)
『世界の歴史15 フランス革命』河野健二、樋口謹一(河出文庫)
『世界の歴史10 市民革命の時代』清水博、山上正太郎(社会思想社)
『フランス革命の社会史』松浦義弘(山川出版社)
『フランス革命—歴史における劇薬』遅塚忠躬(岩波ジュニア新書)
『世界史リブレット人61 ロベスピエール』松浦義弘(山川出版社)
『図説ナポレオン政治と戦争』松嵩明男(河出書房新社)
『世界の歴史10 フランス革命とナポレオン』桑原武夫(中公文庫)
『世界史リブレット人62 ナポレオン』上垣豊(山川出版社)
『近代フランスの歴史 国民国家形成の彼方に』谷川稔、渡辺和行(ミネルヴァ書房)
『怪帝ナポレオン三世 第二帝政全史』鹿島茂(講談社学術文庫)
『世界の歴史22 近代ヨーロッパの情熱と苦悩』樺山紘一、礪波護、山内昌之編(中央公論新社)
『世界の歴史26 世界大戦と現代文化の開幕』木村靖二、長沼秀世、柴宜弘(中公文庫)
『世界の歴史28 第二次世界大戦から米ソ対立へ』油井大三郎、古田元夫(中公文庫)
『世界の歴史29 冷戦と経済繁栄』猪木武徳、高橋進(中公文庫)

［監修］
福井憲彦（ふくい・のりひこ）
1946年、東京都生まれ。学習院大学名誉教授。公益財団法人日仏会館理事長。東京大学大学院人文科学研究科修士課程修了。専門は、フランスを中心とした西洋近現代史。学習院大学教授、学習院大学学長を経て、現職。2019年、フランスより国家功労勲章シュヴァリエに叙された。著書に『教養としての「フランス史」の読み方』（PHP 研究所）、『興亡の世界史 近代ヨーロッパの覇権』（講談社学術文庫）、編著に『フランス史 新版世界各国史12』（山川出版社）などがある。

編集・構成／造事務所
ブックデザイン／井上祥邦（yockdesign）
文／原正人、西村まさゆき、佐藤賢二
イラスト／ suwakaho

世界と日本がわかる　国ぐにの歴史
一冊でわかるフランス史

2020年２月28日　初版発行
2023年９月30日　７刷発行

監　修　　福井憲彦

発行者　　小野寺優
発行所　　株式会社河出書房新社
〒151-0051
東京都渋谷区千駄ヶ谷2-32-2
電話03-3404-1201（営業）
03-3404-8611（編集）
https://www.kawade.co.jp/
組　版　　株式会社造事務所
印刷・製本　凸版印刷株式会社

Printed in Japan
ISBN978-4-309-81104-8

この国にも注目！

ISBN978-4-309-81103-1

ISBN978-4-309-81102-4

ISBN978-4-309-81101-7

ISBN978-4-309-81106-2

ISBN978-4-309-81105-5

ISBN978-4-309-81104-8

ISBN978-4-309-81109-3

ISBN978-4-309-81108-6

ISBN978-4-309-81107-9

ISBN978-4-309-81112-3

ISBN978-4-309-81111-6

ISBN978-4-309-81110-9